虐待狂傾向、人格衰竭、內在矛盾、理想化意象，
社會心理學先驅卡倫‧荷妮的精神分析學

我們內心的衝突

OUR INNER CONFLICTS

病人想避而不談內心的衝突，那是自有其道理的——
他們怕自己的力量把自己撕成碎片。

恐懼、絕望、虐待、憂鬱、壓抑……
生活在這問題成堆的文明中的我們，
大多數都有著內心衝突，並且迫切需要幫助！

卡倫‧荷妮（Karen Horney）著

胡彧 譯

目錄

目錄

第二部分　未解決衝突的結果

關於作者

　　卡倫・荷妮（Karen Horney, 1885 ～ 1952），德裔美籍心理學家、精神病學家，新佛洛伊德學派研究者，社會心理學先驅。對基本焦慮研究貢獻良多，並提出理想化自我的心理學概念。1915 年獲得德國柏林大學聯盟醫學博士學位。後移居美國，初期任教於芝加哥精神分析學院副所長，後轉往紐約精神病分析研究所工作，因對佛洛伊德理論的種種不滿及反對而被紐約精神病研究所除名。荷妮於 1941 年組建成立美國精神分析促進協會，並成立美國精神分析研究所自任所長。

　　卡倫・荷妮的基本理論即反對佛洛伊德將人類的心理現象歸結為生死驅力、性衝動與陰莖羨妒等概念，認為人類的某些精神衝突是由外部文化及環境造成的。在人格發展方面，佛洛伊德理論認為女性的精神障礙是基於對男性「陰莖羨妒」，荷妮卻採取阿爾弗雷德・阿德勒的觀點，指女性希望成為男性是因為希望擁有那些被我們的文化認為屬於男性的特質或特權，比如力量、勇氣、獨立、成功、性自由及選擇伴侶的權利，這些都是文化因素而非生物因素決定的。

　　荷妮亦指出當男性（男孩）發現自己沒有懷孕生育的本能

時，他們反而會產生妒忌及自卑，所以男性表現出的進取心、爭取成功是對這種自卑感的補償。

荷妮認為基本焦慮是指自個體出生後，因受環境種種缺乏溫暖和安全的影響，所形成的無助感及恐懼感。絕大多數的父母，無法針對幼兒的身心需求設置有利成長的理想環境，甚至有許多父母，對幼兒過分苛求，或是過度放縱，致使幼兒無法在充滿愛意與安全的環境成長。根據荷妮對精神官能症的看法，患者掙扎於三種因應基本焦慮的反應類型中。這三種反應類型（或神經質傾向）分別是趨近、反抗與逃避。

1952 年 12 月，荷妮因罹患肝內膽管癌併發全身性轉移而病逝，享年 67 歲。

卡倫·荷妮的代表作有：《我們時代的病態人格》（*The Neurotic Personality of our Time*）、《我們內心的衝突》（*Our Inner Conflicts*）、《自我分析》（*Self-analysis*）、《精神官能症與人的成長》（*Neurosis and Human Growth*）等。

前言

　　本書是為了促進精神分析的發展而奉獻給大家的，它是我對病人和對自己進行分析之後的經驗產物。雖然本書提出的理論是經過多年時間才發展起來的，我的觀點卻是在自己承擔了一系列講座的準備工作之後才變得清晰明瞭的。這些講座是由美國精神分析研究院主辦的。我的第一個講座圍繞著相關問題的技術方面展開討論，標題是：《精神分析技術問題》（*Problems of Psychoanalytical Technique*）（1943 年）。系列講座的第二講包含了本書討論的問題，那是在 1944 年舉行的，該講的標題是：《人格的整合》（*Integration of Personality*）。從該講中挑選出的一些題材，比如「精神分析療法中的人格整合」、「孤獨的人格」和「虐待狂傾向的意義」，已在醫學院以及精神分析促進會上宣講過。

　　我希望本書有益於那些有志於改進我們的理論和治療法的精神分析工作者。我還希望他們不僅將這些觀點運用於他們的病人，也運用於他們自己。只有以強硬的手段 —— 把我們自身和各種困難都包括進來 —— 才能取得精神分析的進展。如果我們安於現狀，不思進取，我們的理論注定要變得貧瘠、僵死。

前言

　　不過我深信，任何著述，只要是不僅僅談到技術問題或抽象的心理學理論，都應該有益於那些想認識自身而且並未放棄為自身的成長而奮鬥的人們。生活在這問題成堆的文明中的我們，大多數都有本書描述的內心衝突，都需要極大的幫助。儘管嚴重的精神官能症應該是專家的事，我仍然相信，只要堅持不懈地努力，我們也能極大地解決自己的內心衝突。

　　我首先要感謝我的病人們，是他們與我一同合作並使我更好地理解了精神官能症。我也要向我的同事們表示謝意，是他們的熱情和理解鼓舞了我的工作。我指的不僅是我的年長的同事們，還有在我們研究院接受培訓的年輕工作者，他們銳利的觀點富於啟發性，他們的討論也卓有成效。

　　我還想另外提到三個人，他們不是精神分析工作者，卻以自己特有的方式支援了我的工作。艾爾文・詹森（Alvin Johnson）博士，是他使我有機會把自己的看法提交新社會研究院，而當時正統的佛洛伊德分析學是唯一受到承認的分析理論與實踐的學派。我更不能忘記克拉拉・梅爾（Clara Mayer），她是新社會研究院哲學和文藝系的主任，幾年來一直對我的工作表示出興趣，鼓勵我將分析工作的點滴體會提交討論。第三個人是我的出版者，諾頓（W. W. Norton）先生，他是我的助手和參謀，本書的品質由於他的協助而大大提高。最後，我還要向米

涅・庫恩（Minette Kuhn）深表謝意，他幫助我更好地組織了資料，更清晰地陳述了我的觀點。

卡倫・荷妮

前言

導言

在研究精神疾病的時候，無論我們的出發點是什麼，無論經過怎樣曲折的途徑，我們最終會意識到，人格的紊亂是患病的原因。其實，幾乎任何其他的心理學發現也包括這一內容。所以，這只是一個重新發現。各個時代的詩人和哲學家都知道，精神失調者也從來不會是性格沉著從容、思維有著良好平衡的人，而是飽受內心衝突折磨的人。用現代術語來說，每一種精神官能症，無論其症狀如何，都是性格精神疾病。由此，我們在理論上和治療中必須致力於更好地理解精神官能症性格結構。

事實上，佛洛伊德（Sigmund Freud）偉大的開拓性理論越來越與本觀點趨於一致，儘管他的發生論不允許他最終作出明確系統的闡述。但其他很多人繼續並發展了佛氏的研究，其中較著名的有弗朗茲·亞歷山大（Franz Alexander）、奧托·蘭克（Otto Rank）、威廉·賴希（Wilhelm Reich）以及哈洛德·舒爾茲——亨克（Harald Schultz-Hencke）等人，他們亦對精神官能症性格結構作出了更嚴密的界定。然而，關於這種性格結構的確切性質和能量，還沒有一致的看法。

導言

　　我本人的出發點完全不同。佛洛伊德關於女性心理學的假定促使我去思考文化因素的作用。我們對男性氣質或女性氣質的成因所持的看法，明顯地受制於那些文化因素。我認為，同樣明顯的是，佛洛伊德的結論之所以有錯，正是因為他沒有把那些因素置於考慮之中。我對這個問題的興趣已持續 15 年之久。這在一定程度上是由於我與埃里希‧佛洛姆（Erich Fromm）合作而得以進展的。佛洛姆以其社會學與精神分析學的廣博知識，使我更清楚地意識到社會因素的意義遠不只局限於女性心理的研究。我於 1932 年來到美國後，這種感受便得到了證實。我那時看到，這裡的人們在氣質和精神官能症諸方面都不同於我在歐洲國家中所觀察到的，而只有文明的差異才能解釋這些區別。我終於在《我們時代的病態人格》一書中作出了總結。這裡強調的一個論點是，精神官能症是由文化因素引起的。這就確切說明了，精神官能症產生於人際關係的紊亂失調。

　　在我寫《我們時代的病態人格》一書之前，我還在另一條發源於早期假說的研究路線上摸索。我研究的課題是：精神官能症中的內驅力是什麼？佛洛伊德曾最先指出，這是些強迫性內驅力。他認為這類驅力具有本能的性質，它們渴求滿足、不甘挫折。因而他相信，這些驅力並不僅局限於精神官能症本身的範圍，而是存在於所有的人身上。但是，如果精神官能症是人際關係紊亂的產物，則這種假設無法成立。對這個問題我的看

法可簡述如下：強迫性驅力是精神官能症特有的，這一類驅力產生於孤獨、無助、恐懼等感覺，產生於與他人的敵對情緒。儘管如此，它們還是代表了患者用來應付生活的一些手段，它們追求的主要是安全感而不是滿足，它們的強迫性起因於潛伏在它們之後的焦慮不安。這些驅力中的兩種 —— 對溫情和對權力的病態渴求 —— 在《我們時代的病態人格》一書中有著清楚、詳細的描述。

儘管我保留著自以為是佛氏教誨中最基本的東西，我當時還是意識到，由於自己一心想找到一個更好的解釋，結果走上了一條與佛氏不同的研究路線。假如被佛氏認為是本能的眾多因素都取決於文化；假如他認為是「原慾」的東西只是對溫情的病態渴求，其誘因是焦慮，其目的是與他人相處時得到安全感，那麼，原慾理論就站不住腳了。誠然，兒童時代的經歷仍然很重要，但應該用與佛氏不同的解釋來重新看待它對我們生活的影響。自然，還有隨之而來的其他與佛氏理論相異的東西。因此，有必要弄清楚我與佛氏的異同之處，釐清的結果便是《精神分析的新途徑》（New Ways in Psychoanalysis）一書的問世。

同時，我繼續探尋精神官能症的內驅力。我把強迫性內驅力稱作精神官能症趨勢或傾向，並在隨後出版的論著中描述了10種這樣的趨勢。那時，我發現了精神官能症性格結構有著關

導言

鍵的意義。我當時把這種結構看成由許多相互作用的小世界形成的大宇宙，每個小世界的核心就是一種精神疾病傾向。這一精神官能症理論有實踐的意義。假如精神分析主要不是將我們目前的麻煩與過去的經驗連繫起來，而是理解我們現在人格中各種因素的相互作用，那麼，不需要或只需要行家的一點幫助就可以認識並改變我們自己。現在的情形是：一方面，對精神分析療法有廣泛的需求；而另一方面，能夠得到的幫助又少得可憐。所以，自我分析似乎正好提供了一線希望，能滿足這種重大的需求。由於那本書主要討論的是自我分析的可能性、局限性和方式，故定名為《自我分析》。

但是，我並不完全滿足於對個體傾向的描述。雖然我精確地描述了這些傾向，但我總覺得，簡單地羅列出來只會使它們有相互孤立之嫌。我看到，對溫情的病態渴求、強迫性的謙卑、對「夥伴」的需求，都屬於同一類。但我沒有看到的是，這些個體傾向結合起來則代表一種對人和對己的基本態度，一種特別的人生哲學。我現在劃歸一類稱之為「親近人群」的類型，其核心正是這些傾向。我也明白，一種對權力與威望的強迫性渴望，在某些方面類似精神質的奢望。這些趨勢大致構成我稱之為「抵抗人群」的類型的組成因素。但對讚美的需求、對完美的追求，雖然都帶有精神疾病趨向、都影響患者與他人的關係，卻似乎主要涉及他與自身的關係。還有，自私利己的需

求，似乎並不如對溫情的需求或對權力的渴求那樣具有根本的性質，也沒有那樣廣泛，好像它不是一個獨立的實體，而是從更大的整體中分割出的一小塊。

我的疑團已被證明是有道理的。在後來的研究中，我的興趣焦點轉向精神官能症中衝突的作用。在《我們時代的病態人格》中我就說過，精神官能症之所以會發生，是由於種種不同的傾向相互衝撞的結果。在《自我分析》一書中我又說過，精神疾病的傾向不僅互相增強，也同時產生衝突。然而衝突一直被人們看作次要問題。佛洛伊德也逐漸意識到內心衝突的意義，但他把這類衝突看成壓抑與被壓抑兩種力量之爭。在我終於看清了衝突時，我發覺不是那麼回事。它們出現於相互矛盾的精神疾病傾向之間。而且，儘管它們最早只涉及患者對他人的矛盾態度，最終還是會包含患者對自己的矛盾態度、矛盾的特質和矛盾的價值觀。

隨著我深入的觀察，我明白了這類衝突的意義。首先，最令我吃驚的是病人對他內心顯然存在的矛盾竟一無所知。當我向他們指出這一點時，他們露出想迴避的神態，而且似乎對此毫無興趣。有過多次這樣的經驗，我發現，他們的迴避正表現了他們對分析者試圖解決他們的矛盾持反感的態度。最後，當他們突然發現衝突後又顯得驚惶不安。這種反應使我明白自己是在玩弄炸藥。病人想避而不談內心的衝突，那是自有其道理

的：他們怕自己的力量把自己撕成碎片。

然後，我開始了解，病人是不惜費盡心機去「解決」衝突，或者更確切地說，去否認它們的存在並製造一種和諧的假象。我觀察到患者用以解決衝突的四種主要嘗試，並根據它們出現的先後順序在本書裡作了充分討論。

患者最初的試圖是掩蓋一部分衝突，讓其對立面占上風。

第二個試圖是「迴避他人」，讓我們對精神疏離有了新的認識。孤獨就是基本衝突的一個部分，即一種最初對待他人的矛盾態度，但孤獨也代表試圖解決矛盾。因為在自我與他人之間維持一種感情上的距離，便好像使衝突無法發生作用。

第三個試圖與上面兩個很不相同，患者不是迴避他人，而是迴避自己，他的整個實際的自我對他反而顯得不真實，於是他心中創造出一個理想的自我形象來取代真實形象，在這人為的自我中，衝突的各部分改頭換面，不再像是衝突，倒像是一個豐富的人格之不同方面。我這一觀點能澄清許多精神官能症問題，而那些問題我們迄今還不理解，我們的治療法也一直軟弱無力。這一觀點也確定了兩種精神疾病傾向在整體中的位置，而這兩種傾向一直是抗拒整合作用的。這樣一來，對完美的需求就正是力圖符合理想化的自我意象，對讚美的渴求就可以看作是要求他人證實自己就是那個理想化意象。這種意象與實際的差距越大，對讚美的需求自然也就越難以滿足。在所有

這些解決衝突的試圖中，這種理想化意象也許是最重要的，因為它對整個人格有深遠的影響。但是反過來它又製造出一條新的內心裂隙，因此又需要再一次的縫合彌補。

第四種試圖主要是為了消除這種裂隙，同時也偷偷抹去其他的衝突。這就是我稱為「外化作用」的手段，病人認為內心的活動是自我之外的事件。如果理想化意象意味著與實際的自我有幾步之差，外化作用則使真實面貌面目全非。外化作用再次產生了新的衝突，或者大大加劇了原有的衝突，尤其是自我與外界之間的衝突。

我把上面列舉的四種試圖稱為患者為解決衝突而作的主要嘗試，這部分是由於它們似乎經常在各種精神官能症裡發生作用（儘管程度各異），部分又是由於它們導致人格猛烈的改變。這幾種嘗試絕非患者僅有的傾向，他另外還有辦法，只是不具有這幾種的普遍意義。比如，患者武斷地自認正確，這種自以為是的態度其主要功能是壓制內心的疑慮；僵硬死板的自我控制，其功能是企圖憑藉意志力量把已經分裂的內心世界強湊在一塊；犬儒主義表現，則是透過對一切價值觀的蔑視，自然取消了與理想有關的衝突。

與此同時，我也越來越清楚地看到所有懸而未決的衝突所造成的後果。我看到了由此產生的各種各樣的恐懼、精力的浪費、道德的破壞，還有因複雜的感情糾葛而產生的絕望感。

導言

　　只是在我理解了希望完全喪失的那種狀態以後，才最終看到了虐待狂傾向的意義。我懂了，這些傾向代表了一種試圖，由於病人對他自己感到失望，便企圖用代償性生活求得補償。他在虐待行為中表現出的橫蠻態度，正是由於他嗜求報復的勝利。所以，道理很清楚，對有破壞性的自利行為的偏愛，本身不是一種獨立的精神官能症趨勢，而只是更廣泛的整體在頑強地表現它自己，我們暫時沒有更好的術語來指稱這個整體，便定名為虐待狂。

　　一種精神官能症理論就這樣演化了出來。它的動力中心是三種態度之間的基本衝突，這三種態度就是：親近他人、抵抗他人和迴避他人。患者一方面害怕人格被分裂，一方面又需要維持整體的功能，所以便不顧一切地試圖解決矛盾。儘管他這樣也能夠造成一種人為的平衡，但同時又製造了新的衝突，所以又需要繼續尋找進一步的補救措施來抹掉這些新衝突。這種逃避分裂、追求整體性的努力，每走一步只會使患者變得更加敵視他人，更加一籌莫展，更加心有畏懼，更加疏遠自己和疏遠他人；結果，衝突的病因更加嚴重，真正解決衝突更遙遙無期。病人最後喪失了希望，就企圖在虐待行為中尋找補償，而這樣又反過來加劇他的無望感，產生新的衝突。

　　這就是精神官能症的發展及其產生的性格結構交織而成的一幅令人戰慄的圖畫。那麼，我為什麼還要把自己的理論稱

為建設性的呢？首先，這個理論結束了那種不合實際的樂觀主義，那種觀點認為我們使用非常簡單的手段就能夠治癒精神官能症。當然，悲觀主義也同樣不合實際。但這一理論不是悲觀的，我稱之為建設性是因為它首次使我們能探討並解決精神官能症這個難題。建設性最主要體現在：

儘管本理論意識到了精神官能症的複雜性與嚴重性，它仍然提出了積極的、樂觀的見解。它不僅有助於調節潛在的衝突，還能在實際上解決這些衝突，從而使我們有可能獲得真正的人格整合。僅憑理性是無法解決精神上的衝突的，而患者的解決辦法不僅無用反而有害。但是，透過改變人格中促成衝突的諸多狀態，卻能夠解決這些衝突。每一件分析工作，只要恰到好處，都會改變那些狀態，因為這種分析能減輕一個人的無助、恐懼、敵視等感覺，減少與他人、與自身的疏離程度。

佛洛伊德對精神官能症及其治療持悲觀態度，原因是他不相信人性的善良和人的發展。他認為人注定要受苦、要毀滅。驅使人行動的本能只能被控制，至多被「昇華」。而我的信念是，人既有能力、也有發展他潛在可能性的要求，使自己變得更優秀。但是，如果一個人與他人和與自己的關係一再受到干擾，他的潛在能力就會減弱或變質。我深信，人只要生活在這個世界上，就能夠改變，而且是持續地改變自己。隨著我們不斷地深入理解，我的這一信念也更加成熟。

導言

第一部分
精神上的衝突和解決的嘗試

第一章　強烈的精神上衝突

　　首先我要申明：有衝突並非就是患了精神官能症。生活中總有我們的興趣、信念與周圍的人發生衝撞的時刻。所以，正像在我們與環境之間經常發生這類衝突一樣，我們內心的衝突也是生命不可缺少的組成部分。

　　動物的行為主要取決於本能。牠們的交配、育雛、覓食、防衛等都是在不同程度上被決定了，不以個體的意志為轉移。相反，人類能夠作出選擇，也必須作出選擇。這既是人的特權，也是他的重負。我們也許必須在兩種相反的欲望之間決定取捨。比如，我們想一人獨處，又想有人作伴；我們既要想學醫又想學音樂。或者，在我們的意願與義務之間有衝突。例如，有人陷入困難正需要我們的幫助，我們卻渴望與戀人幽會；我們也許左右為難，既想贊同別人，又想反對他們。最後，我們也許動搖於兩個價值觀念之間。比如，戰爭期間我們相信冒險出征是義務，但也認為留下來照看親人是責任。

　　這類衝突的種類、範圍、強度主要由我們生活在其中的文明來決定。如果文明保持穩定，堅守傳統，可能出現的選擇種類則是有限的，個體可能發生的衝突也不會太多。但即使是這

樣，衝突也並沒有消失。一種忠誠會與另外一種忠誠相矛盾；個人欲望會與集體義務相矛盾。但是，如果文明正處於迅速變化的過渡階段，此階段中高度矛盾的價值觀念和極為不同的生活方式同時並存，那麼，個人必須作出的選擇就多種多樣而難以決定了。他可以人云亦云，也可以我行我素；可以依附於某個集體，也可以獨自隱居；可以對成功表示崇拜，也可以對之表示蔑視；可以堅信有必要嚴屬管束兒童，也可以認為應該放任自流。他可以相信男人和女人應該有不同的道德標準，也可以認為男女應該有同一個標準；他可以認為兩性關係是人的情感表現，也可以認為它與情感並無關係；他可以懷有種族偏見，也可以認為人的價值不取決於膚色或鼻形。他還有諸如此類的其他許多選擇。

　　無疑，生活在我們文明之中的人，必須經常進行這樣的選擇。所以，在這些方面，我們有衝突，那是不足為怪的。但最令人吃驚的事實是，大多數人根本沒有意識到這些衝突，所以也不拿出什麼具體辦法來解決這些衝突。他們一般都是讓自己任隨事件的擺布。他們不知道自己的實際狀況，做了妥協還不知道，捲入了矛盾還不清楚是怎麼一回事。我這裡指的是正常人，一般的、沒有精神疾病的人。

　　所以，要意識到矛盾的存在，並在此基礎上做出決策，是有前提條件的。這樣的前提有四重性：我們必須明白自己的願

望是什麼，或者更重要的是，明白我們的感情內容是什麼。我們是真的喜歡某人，還是因為我們應該喜歡他於是就自以為喜歡他了？假如我們的父母去世了，我們是真正悲傷，還是只照慣例表示一番感情？我們是真正渴望當律師或醫生，還是因為那種職業在我們眼中顯得體面和有利可圖？我們是真正想要使自己的子女幸福和有獨立能力，還是只是口是心非地表示這種意願？我們大多數人都會發現這類問題看來簡單卻不好回答，就是說，我們知道自己真正的感受和需求是什麼。

由於衝突常與信念、道德觀等有牽連，所以，只有在我們已經具備了一套價值觀念，才談得上認識那些衝突。從他人得來的、還沒有成為我們自身一部分的觀念，很少導致衝突，也很少能指導我們做出決策。當我們受到新的影響時，這樣的觀念很快就被放棄，由新的觀念取而代之。如果我們把別人看重的價值觀簡單地拿過來當作自己的，那麼，本來以我們的利益為中心的衝突就不會發生了。例如，假如一個兒子從不對心胸狹窄的父親有所懷疑，那麼，在父親要他從事一項他不喜歡的職業時，他心中就不會發生什麼衝突了。已婚男子如果愛上了另一個女人，他實際上就陷入了衝突之中。在他無力確立自己對婚姻的信念時，他便乾脆選擇阻力最小的途徑，而不去面對衝突做出決定。

即使我們意識到了這樣的衝突，我們必須願意而且能夠摒

棄矛盾的兩方面中的一面。但極少有人能做到斷然取捨，因為我們的感情和信念是混淆不清的。也許，說到底因為我們多數人並沒有強大的安全感和幸福感，所以無法有所捨棄。

最後，要做出一項決策，其前提條件是決策人願意並有能力對決策負責。這當然包含做出錯誤決策的危險，但決策者願意承擔後果而不會怪罪他人。決策者會有這種想法：「這是我的選擇，我自己的事。」他必須首先具有內在的力量和獨立性，我們現在多數人都達不到這一要求。

由於我們當中許多人都陷在衝突的桎梏中（儘管我們沒有意識到），所以我們便趨向於以妒忌和羨慕的心情去看待那些似乎悠然自得、毫無這類衝突的人。這種羨慕也許不是沒有道理的。

那些人可能是強者，他們確立了自己的一套價值。或者，由於時間的流逝，衝突的威力已消失，做決策已無必要，他們便獲得了一種從容沉靜的風度。但外表也可能只是假象。常常，我們欣慕的人由於他們缺乏熱情、隨波逐流或投機取巧，而沒有能力真正面對衝突或靠自己的信念去設法解決衝突，所以，他們並無主動意志，只是偷懶取巧而占了便宜罷了。

能夠在體驗衝突時又意識到衝突，儘管這可能叫人痛苦，卻可以說是一種寶貴的才能。我們愈是正視自己的衝突並尋求自己的解決方法，我們就愈能獲得更多內心的自由和更大的力量；只有當我們願意承受打擊時，我們才能有希望成為自己的

主人。虛假的冷靜根植於內心的愚鈍，絕不是值得羨慕的，它只會使我們變得虛弱而不堪一擊。

當衝突是關於生活的基本問題時，要認識它和解決它就更加困難了。但只要我們有足夠的活力，在原則上就能夠正視和解決衝突。教育工作能夠極大地幫助我們獲得對自身更多的認識，發展我們自己的信念。我們了解到與選擇有關的諸因素的意義之後，就能看到奮鬥的目標，找到我們生活的正確道路。[01]

然而，一般人認識並解決衝突時所固有的困難，對一個患有精神官能症的人來說，則更為巨大了。必須說明，精神官能症一直是個程度問題。我所說的「精神官能症患者」，指的是「已經達到病態程度的人」。他對自己的感情和慾望的意識已經衰退。通常，他能有意識地、清楚地體驗到的感情是恐懼和憤怒，這往往是別人擊中他的弱點時他的反應。不過，甚至這種反應也可能被他壓抑下去。

這樣典型的精神官能症患者的確存在，他們受強制性標準的影響太深了，失去了自己決定方向的能力。在那些強迫性傾向的支配下，病人連斷然捨棄的能力都幾乎喪失了，更不用說完全失去對自己負責的能力了。[02]

---

[01]　屈從於外界的壓力而顯得愚鈍的正常人，讀讀一本書會大有俾益，書名為《做一個真實的人》（*On Being a Real Person*），作者是哈利‧愛默生‧福斯迪克（Harry Emerson Fosdick）。——原注

[02]　參看第十章：「人格衰竭」。——原注

精神上的衝突所涉及的問題，也可以是困擾正常人的普遍性問題。但那些問題的種類有很大的不同。所以有人質疑，用同一術語意指兩種不同種類的東西是否恰當。我認為是恰當的，當然我們不會忽視兩者的區別。那麼，精神上衝突的特點是什麼？

舉一個較為簡單的例子來說明。一個與別人合作機械設計的工程師常有陣發性疲倦感和煩躁感，某一次發作是由下面這個事件引起的：在一次技術討論中，他的意見被否定而同事們的意見被採納了。這之後不久，在他缺席的時候大家做出了決議，隨後也沒有給他機會以陳述自己的建議。在這種情況下，他本來滿可以認為這件事不公平而挺身反對，或者也可以不失體面地接受大多數人的決定，這兩種辦法任隨哪一種都會是協調性反應，但他沒有這樣來對待這件事。雖然他痛感被人輕視，卻不做反擊，他僅僅意識到惱怒。他心底深處的憤怒只出現在夢中，這種被壓抑的怒氣是一種混合物，既有對別人的惱怒，也有對自己軟弱的惱怒，由此造成了他的倦怠無力。

這個人沒能夠做出協調反應，這是由多種因素決定的。他早已把自己看得了不起，而這種自大的圖像是需要他人的尊敬才能樹立起來的。不過他是無意識的，他行為的出發點一直是：在他的專業領域內，他的天資和才幹是無人可比的。任何對他的輕視都可能危及這個出發點而挑起他的怒意。不僅如此，他

還有無意識的虐待傾向，想貶低別人，鄙視別人。這種行徑當
然是他所厭惡的，所以他用過分的友好把它掩飾了起來。除此
之外，還有一種因素──他的無意識的內驅力，即為了利己的
目的而利用他人，所以自己必須在他人面前保持體面。另外，
別人對他的讚美和好感，是他的強迫性需求，再加上他的遷就
態度和忍讓屈從傾向──這一切結合起來更加劇了他對別人的
依賴。於是，衝突便產生了：一方面是具有破壞作用的攻擊性，
亦即他的憤怒反應與虐待衝動；另一方面是對讚許和友愛的渴
求，並力圖在自己眼中顯得舉止高尚、通情達理。結果是，內
心不被察覺的矛盾激化，其外化的表現則是倦怠無力，使他整
個行為能力都陷入癱瘓。

　　我們一看這個衝突所包含的各個因素，就首先會注意到它
們相互的不一致性。的確，很難找到比這更極端對立的例子了：
既高傲地要求別人對自己的尊敬，又要討好、屈從於別人。其
次，他對整個衝突是無意識的。在衝突中起作用的矛盾傾向不
是被意識到，而是被壓抑下去了，內心的激戰只在外部泛起一
點小泡沫。感情的因素被文飾了：只有我的方案才是好的，他
們那樣做是不公正的，是在蔑視我。再次，衝突的雙方都是強
迫性的。即使他還有一點頭腦，能多少知覺到他的非分要求，
並看到自己的依賴行為，他主觀願望上也無力改變那些因素。
要想改變它們，就需要大量的分析工作。他在兩方面都受到驅

使，身不由己。內心的需求太緊迫了，無論怎樣他也無法對它置之不理。但這些需求沒有一種代表了他自己真正想要或追求的，他既不想去利用他人，也不願事事屈服他人。事實上，他是鄙視這類行為的。不過，我所舉的這個例子有很深遠的意義，大大有助於我們對精神衝突的理解。

再舉一例，我們將看到一幅類似的畫面。一位自由受聘的設計員偷了他好友的錢。這種偷竊行為用他所處的外界因素是無法理解的，他誠然需錢用，但他的朋友肯定會欣然給他錢花，過去這位朋友就有慷慨解囊的經歷。但這個人的偷竊行為尤令人吃驚的是，他是個注重體面的人，也很看重友誼。

如下所述的衝突才是這件事的本源。這個人對溫情有明顯的病態渴求，尤其希望隨時都得到別人關照。由於這種渴求中夾雜著一種無意識傾向 —— 想從他人得到好處，他的行動便表現為：既想得到他人的感情，又想突出自己的支配地位。前一傾向本來會使他欣然地接受幫助，但他的無意識的傲氣反對他這樣做。這種自大實際上虛弱得不堪一擊。他覺得，別人應該因為能幫助他而感到榮幸，而去求人幫助則是一種屈辱。他對獨立性和自強能力推崇備至，更加深了他對求人相助的反感。這就使他絕不願意承認他還需要什麼，不願意把自己置於別人的恩惠之下。他只能索取，卻不能接受。

這個衝突儘管與前一個在內容上不同，但性質上是一樣

的。任何精神上的衝突都顯示出矛盾的驅力之間都存在這種類似的衝突性質，也都表明這種驅力是無意識的、強迫性的。這樣，病人總是無法自己解決矛盾。

我們暫且假設一條模糊的界線來劃分正常人的衝突和精神官能症患者的衝突，那麼，兩者的區別主要在於：正常人的衝突之兩對立面的懸殊，遠不及精神官能症患者的懸殊那麼大。正常人必須作的選擇，是兩種行為模式之間的選擇，任選一種都在情理之中，都包含在完整的人格框架以內。用一個圖形來打個比方，正常人衝突的兩個方向只相差 90 度或更小的角度；而在精神官能症患者，這個度數可能達到 180 度。

還有，兩者在意識的程度上有差別。正如齊克果（Søren Ki-erkegaard）所指出的：「真實的生活相互千差萬別，遠不是僅僅展示一些抽象的對比就能描述的，比如完全無意識的頹唐失望與完全意識到的失望之間的對比。」不過，我們可以這樣說，正常範圍內的衝突可以完全是有意識的，而精神上的衝突就其所有主要因素而言總是無意識的。即使一個正常人可能意識不到自己的衝突，但只要得到一點幫助，他也能察覺衝突的存在。然而，造成精神衝突的基本傾向是被牢牢地壓抑著，要克服巨大的阻力才能將它們解放出來。

正常的衝突涉及在兩種可能性之間的實際選擇，這兩種可能性都是他實際上渴求的；或涉及兩種信念之間的選擇，而這

兩種信念都是他實際上所看重的。因此他就有可能作出合理的決定，即使這是困難的，而且必須有所捨棄。陷入精神衝突的病患不可能自由選擇。兩種方向相反的力以同樣的強度驅使著他，而這兩個方向都是他不願去的。所以，一般常識的選擇是不可能的。他被「擱淺」了，感到一籌莫展。要解決這種衝突，只有對精神傾向進行處理，改變他與己、與人的關係，才能幫助他完全擺脫那些病態傾向。

以上所述的那些特點對為何精神衝突會如此強烈做出了解釋。這些衝突不僅難於辨認，不僅使人感到無助無望，還具有令病人害怕的，分裂其人格的力量。如果我們不認識這些特點並牢記在心，我們就無法理解精神官能症病人不顧一切地旨在解決衝突的努力，而這些努力或嘗試構成了精神官能症的主要內容。

第二章　基本的衝突

　　通常人們低估的是衝突在精神官能症中所引起的作用。不過要發現這些衝突並非易事，這一方面是由於它們主要處於無意識中，但更重要的是因為精神官能症患者往往矢口否認它們的存在。那麼，使我們有理由懷疑衝突存在的跡象是什麼呢？在前面一章舉出的例子中，衝突的存在是由兩個都很明顯的因素顯示出來的。其中一個因素就是最後產生的症狀，第一例裡是倦怠，第二例裡是偷竊。事實是，每一種精神官能症症狀都表明有衝突存在。就是說，每一症狀都是衝突的直接或間接的產物。我們將逐步看到，未被解決的衝突對人有什麼影響，它是怎樣產生焦慮、壓抑、猶豫、遲鈍、孤立等狀態的。對成因的理解有助於我們將注意力從表現出的紊亂轉向紊亂的根源，儘管無法揭示根源的確切本質。

　　另外一個衝突的顯示是自相矛盾。在第一例裡我們看到那個人確信事情處理得不對，於他不公，但不表示出異議。在第二例裡，一個極其珍視友誼的人結果偷朋友的錢。患者有時也能意識到自己的這種矛盾表現，但更常發生的情況是他看不見這種自相矛盾，即使是一個毫無經驗的觀察者也能輕易地察覺自己的矛盾。

　　自相矛盾是衝突存在的確切指標，正如體溫升高是身體生病的確切指標一樣。暫舉幾個常見的自相矛盾的例子：一個女性很想結婚，卻躲避向她求愛的男性；一位溺愛孩子的母親卻常常忘記他們的生日；一個對別人慷慨解囊的人，對自己卻連一分一毫也吝嗇得很；一個人渴望孤獨，但從不設法一個人獨處；一個人對別人容忍、原諒，對自己卻苛刻、嚴厲。

　　與症狀不同，自相矛盾常常有助於我們對衝突的性質作出試探性的分析。比如，深度的憂鬱只暴露出一個事實：病人正陷於進退兩難的困境。而假如一個看來溺愛孩子的母親忘記了她孩子的生日，我們可以這樣認為：她更關注的是當一個好母親這一理想，而不是孩子本人。我們甚至可以承認這種可能性，即一方面是她當良母的理想，一方面還有無意識的虐待傾向 —— 給孩子以失望、挫折，這二者正在相衝突。

　　有時候，衝突會出現在表面，就是說，被意識所體驗到。這似乎會和我前面的斷言（精神上的衝突是無意識的）相牴觸。但實際上出現於表面的只是真實衝突的變形或扭曲。這樣，一個人儘管施用有效的慣技 —— 迴避的策略 —— 還是會發現他非做出一個重大的選擇不可，這時他就是處在這種有意識的衝突之中。他現在決定不下，該和這位女性結婚還是該和那位結婚，該選擇這項工作還是選擇那項工作，是維持與別人的夥伴關係還是解除與別人的這種關係。於是他承受著巨大的折磨，

輾轉於對立的兩方之間，完全無法做出任何抉擇。在苦惱中，他可能求教於精神心理醫生，指望醫生能澄清自己的問題。但他必然會失望，因為眼下的衝突不過是早就在內心裡摩擦已久之炸藥的最終爆炸。不沿著漫長而曲折的道路追溯下去，認識深藏在下面的衝突，是無法解答眼下困擾他的問題的。

在其他例子中，內心的衝突可能外化而出現在病人有意識的思維裡，體現為他自己與周圍環境的矛盾。或者，當一個人發現那些似乎毫無根據的恐懼和限制在妨礙著他的意願時，他可能意識到內心的衝突有著更深的根源。

我們對一個人的認識越是充分，我們就越是能夠識別出那些可以對症狀、自相矛盾和表面衝突做出解釋的矛盾因素來。但還得加上一句，這樣的情況反而會變得更加令人困惑不解，因為矛盾的數量和種類眾多而紛繁。所以，我們自然要問：在所有這些各不相同的衝突下面，是否還掩藏著一個基本的衝突，即一切衝突的根源？我們能否用看待一個矛盾重重婚姻的方法來看待內心衝突的結構？在那樣的婚姻中，充滿著無窮無盡表面看來互不相關的爭吵與不和，涉及到親友、孩子、經濟、一日三餐、傭人等等，而所有這些都直接來自於這種關係本身具有的基本矛盾。

從遠古以來就確信人格有基本衝突，而且這種信念在各種宗教和哲學中起著重要的作用。光明與黑暗的力量、上帝和

魔鬼的較量、善與惡的對峙，就是表現這種信念的某些形式。在現代哲學裡，佛洛伊德不僅在其他許多論題上，也在這個論題上做了開拓性的理論研究。他首先斷言，在基本衝突的雙方中，一方是不顧一切追求滿足的本能內驅力，另一方面是險惡的環境──家庭和社會。險惡的外界環境在人的幼年便獲得內化，而自那以後，便以可怕的超我出現。

在這裡，以這個概念所必需的嚴肅性來對它進行探討，卻是不太恰當的。那樣的話，我們必須把反對原慾理論的所有爭論都詳細地闡述一番。所以，我們倒不如設法去理解這個概念本身的意義，而將佛洛伊德的理論前提擱置一旁。這樣，只剩下這樣一個爭論，即：原始的、利己的驅力與威嚴的良心之間的對立，正是我們千奇百怪衝突的根源。正如下面將要闡述的那樣，我並不否認這種對立（或在我看來大致相等於這種對立的東西）在精神官能症結構中占有舉足輕重的地位，但對它的基本性質我卻持不同的看法。我認為，儘管這是一種主要衝突，卻是繼發性的，產生於精神官能症發展過程中的必然性。

我持這種異議的理由後面會變得更明顯，這裡只說一點：我不相信慾望與恐懼之間的衝突能夠解釋精神官能症病人內心遭受分裂的程度，或能夠解釋足以毀掉一個人一生的那種結果。佛洛伊德所說的那種精神狀態必然暗示，精神官能症病人還保持了為某一目的而全心全意奮鬥的能力，只是恐懼所起的

阻礙作用挫敗了他的努力。而在我看來，衝突的根源在於精神官能症患者喪失了一心一意爭取某物的能力，原因在於他的願望本身就是四分五裂的，就是說，相互牴觸的。[03] 這就構成了比佛氏想像得遠為複雜的情況。

　　儘管我認為根本衝突比佛洛伊德所說的還更具有分裂性，但對最終解決矛盾的可能性我的觀點則比佛氏肯定得多。據佛氏的看法，基本矛盾是普遍的，在原則上是無法解決的。我們所能夠做到的，只不過是達到一個更好的妥協，或更好地加以控制而已。在我看來，精神官能症的基本衝突不一定最先爆發，而如果它爆發出來也有可能得到解決。當然，條件是患者願意付出巨大的努力，承受分析過程中出現的困難。我與佛氏之間的差別並不是樂觀與悲觀的差別，而是二者之間不同的出發點所必然得出的不同結果。

　　佛洛伊德後來對基本衝突的解答具有強烈的哲理吸引力。但是，撇開他思想中的各種暗示不談，他關於「生」、「死」本能的理論可歸為人類的建設性和破壞性力量之間的衝突。佛洛伊德並不想把這一概念與衝突連繫起來，他倒是更想了解建設性與破壞性這兩種力量是怎樣混合在一起的。比如，他知道可以把虐待狂與受虐狂的內驅力解釋為性本能與破壞本能的聚合。

---

[03]　　參見弗朗茲・亞歷山大的文章〈結構性和本能的衝突之間的關係〉（*The Relation of Structural and Instinctual Conflicts*），見於《精神分析季刊》（*Psychoanalytic Quarterly*），第 11 卷第二期，1933 年 4 月。── 原注

　　把我的這一觀念運用於對衝突的研究，必然要求將道德價值牽連進來。但佛氏認為道德觀念只是科學領域內的非法入侵者。他依循自己的信念，盡力發展一種剝去了道德價值的心理學。我相信，正是這種「忠於科學」的努力（指自然科學）非常有力地解釋了，為什麼佛洛伊德的理論以及在此基礎上的治療法會局限在一個極為狹小的範圍內。不僅如此，他的這種「忠於科學」的態度，已促成了他的失敗，使他無法認識精神官能症中衝突的作用，即使他在這一領域內已進行了大量的研究工作。

　　榮格（Carl Jung）也非常強調人類的相互衝突傾向。的確，他深深有感於個體的種種矛盾，所以他認為，任何一種因素的存在，都必然表明它的對立面也同時存在，這是一條普遍規律：外表的陰柔暗示著內心的陽剛；表面的外向，掩藏著內向；外表上偏重於思維、理性，內心則偏重於情感，等等。到此為止，似乎榮格把衝突看成精神官能症的一個主要特色；可是，他接著說，這些對立物並不相互衝突，而是相互補充 —— 其目的是對兩者都兼收並取，從而向完美的理想靠近。在榮格看來，精神官能症患者像是被擱淺在片面發展的沙灘上的船。這些觀點他界定在自己稱之為「互補法則」的條目下。我也承認對立的傾向包含互補的因素，在人格的整合中兩者缺一不可。但我們的看法是，這些因素已經是精神上衝突的產物，患者對這些東西固守不放，因為它們是他試圖解決衝突的努力。例如，

一個人傾向於內省，與世無爭，只關注自己的感情、思想或想像，而不關注別人；假如我們將他的這一傾向看作真正的傾向，即是由他的本質所決定並由個人經歷所增強的傾向，那麼，榮格的推理就是正確的。要取得有效的治療效果，我們就向病人表明他暗藏的「外向」傾向，指出片面偏向任一個傾向會有的危險，鼓勵他將兩種傾向都兼收並取，指導自己的生活。然而，假如我們把這個病人的內向表現（或者，我更願意稱之為精神上的疏離）看作他迴避衝突的手段，而那種衝突正是他與他人的接觸導致的，那麼，我們的任務就不是鼓勵他外向一些，而是分析這種內向的外表所掩藏的衝突。只有在這些衝突解決之後，才能邁向目標──內心世界的完整。

　　我現在著手展開我的觀點。我從精神官能症患者對他人的矛盾態度中看到了基本的衝突。在詳細討論之前，請回憶一下《化身博士》（*The Strange Case of Dr. Jekyll and Mr. Hyde*）的故事，裡面正有著這一矛盾的生動表現。我們看到主角一方面文弱、敏感、富於同情、樂於助人，而另一方面又凶狠、粗魯、自私。當然，我們並不暗示精神的分裂總是遵循這個故事所表現的方式，我僅意在指出，在患者與他人的態度上，往往生動地表現出根本的矛盾性質。

　　從遺傳的觀點來看這個問題，我們必須先回過頭去討論我

稱為「基本焦慮」的概念 [04]。我用這一術語來指患病兒童的這樣
一種感覺：孩子感到，在一個潛在地充滿敵意的世界裡，他是
孤立無助的。外界環境的各種不利因素均可使小孩產生這種不
安全感。這包括：直接或間接的嚴厲管束；冷漠、錯誤的培養
方式；不尊重孩子的個人要求；缺少指點；輕蔑孩子；過多的
讚揚或毫無讚揚；缺少溫情；父母之間的不合迫使孩子站在某
一方反對另一方；給孩子委以過重的責任或任其無所事事；過
度溺愛和保護；與別的孩子隔絕；對孩子不公正、歧視、言行
不一；充滿敵意的氣氛，等等。

　　我在這裡要特別強調的唯一因素是，小孩感到周圍潛伏著
虛偽。他覺得父母的愛、他們的宗教慈善活動、誠實、慷慨
等等都可能是假裝的。在孩子的所感中，有一部分的確是虛偽
的，但其餘的則可能是他在父母的行為中感到了矛盾而產生的
反應。不過，通常是約束性因素結合在一起。它們或許顯而易
見，或許藏而不露，所以心理醫生只能逐漸辨識出這些影響孩
子成長的因素。

　　小孩被這些使他不安的狀況所困擾，自己摸索生活的道
路，尋找應付這帶有威懾性的世界的方法。儘管他勢孤力弱，
充滿疑懼，他還是無意識地形成了自己的策略以對付環境中各
種力量。在這樣做的時候，他不僅發展了相應的策略，也發展

---

[04]　卡倫・荷妮《我們時代的病態人格》，諾頓出版公司，1937 年版。—— 原注

了變成他人格一部分的長久性格傾向。我把這些傾向稱為「精神疾病傾向」。

如果我們要想知道衝突是怎樣發展的，我們便不能把注意力只局限在個體的趨勢上，而是統觀全域地觀察小孩在這些狀況下可能的和實際上的主要發展方向。雖然我們會暫時看不見細節，我們卻能夠更清楚地觀察到患者為了應付外界環境而採用的主要步驟。起初呈現的情況可能是一片混亂，但到了一定時候，有三個主要發展方向便逐漸變得清晰：小孩可能親近他人，或抵抗他人，或迴避他人。

小孩親近他人時，願意正視自己的無助狀態，雖然他也自我疏遠、心有疑懼，但還是想爭取他人的溫情或依附他人。只有這樣他才感到與他人在一起是安全的。如果他家裡的人發生爭執，他就站在最強有力的一邊，透過與強的一方保持一致，獲得一種歸屬感、支撐感，這就使他感到不再像過去那樣軟弱無力，那麼孤立無助。

當他抵抗他人時，他正視的是周圍的敵意，並認為這種敵意是理所當然的，於是便有意識地或無意識地決定反抗。他盲目地懷疑他人的感情和意圖。他以自己所能想到的方式進行反抗。他要成為強者，擊敗別人，不但是為了自衛，也是為了報復。

當他迴避他人時，他既不想歸屬，也不想反抗，而是保持

距離。他覺得他與別人的共同點太少，別人不理解他。他樹起一個自己的世界 —— 一個以大自然、玩具、書和夢組成的世界。

在這三種心態的每一種中，都過分誇大了基本焦慮所包含的諸因素之一：首先是無助狀態，其次是敵對情緒，再次是孤立脫群。但事實上，這三種因素中的任何一種都不能完全占據小孩的整個心靈，因為在這些心態得以發展的條件下，三種因素都必定會出現。我們從統觀中得到的，只是占優勢的那種因素。

情況就是如此，如果我們現在進而研究已充分發展的精神官能症，這個事實還會變得更明顯。我們都見過這樣的成人，他們身上突出地表現了前面所述的三種態度中的一種。但我們同時也能看到，他的其他傾向並沒有停止作用。在一個主要表現為依附和服從的類型裡，我們可以觀察到攻擊傾向和某種超然獨處的需求。一個主要表現為敵視他人的患者，也可以有服從的傾向，有獨處的需求。而一個疏離性人格也可能懷有敵意或渴求友愛。

然而，占主導地位的態度，正是主宰實際行為的那種。它代表患者能得心應手用來對付他人的手段。因此，一個自我孤立的人肯定會下意識採用使自己與他人保持一個安全距離的策略，因為他一旦與他人共處便會若有所失，茫然無措。同時，

居主導地位的態度常常是（但不總是）為病人意識最欣然接受的心態。

這並不是說，另外一些不太顯著的態度就是較弱的。比如，常常很難斷定，在一個顯得依附、服從的患者身上，支配他人的願望是否弱於對溫情的需求，他的攻擊衝動只是表現得更間接罷了。被掩蓋的次要傾向可能具有巨大的能量，這已經被許多事實所證明。在不少例子中，占主導地位的態度與次要態度交換了位子。我們在兒童中能看到這種換位，而在成人中也不乏其例。英國作家毛姆（Somerset Maugham）的小說《月亮與六便士》（*The Moon and Sixpence*）中的人物史崔克蘭（Strick-land）就是典型的例子。女性的病史也常顯示出這種轉變。一位女性本來很男子氣，雄心勃勃、桀驁不馴，但在她墮入情網後，可能變成一個柔順軟弱的女性，不再好高騖遠。或者，在遭逢重大變故或不幸之後，一個孤立脫群者會變成病態的依附他人者。

應補充一句，像這一類的變化，給了我們某些啟示以回答下述的經常性問題：成人期的經驗是不是無關宏旨？我們是否自孩童時代起就定了型，永不改變？從衝突的觀點來看精神官能症的發展，有助於我們做出比一般人所持有的看法更恰當的解答。比如，有如下可能性：如果兒童時代沒有受嚴厲限制，而是任其自然發展，那麼，之後的經歷，尤其是青春期的

體驗，就能影響性格形成。然而，假如兒童時代所受的影響很大，足以把孩子塑造成一個死板規矩的類型，之後的新體驗便不可能將他改變了。這一部分是因為他的僵硬死板不讓他接受新的體驗，比如他的自我孤立可能嚴重到不讓任何人接近他，或者他根深蒂固的依附性迫使他成為受人支配的從屬角色。還有一部分原因是他總是用舊眼光看新問題；比如，攻擊型的人遇上了別人的友愛，則將這種友愛舉動看成愚笨的表現，或看成想從他這裡撈到好處，新得到的經驗只會加強原來已形成的觀念。當精神官能症患者改弦更張，表現出態度的變化時，似乎是由於他進入了青春期或成人期後所獲得的經驗造成了人格的改變。但是，這種改變其實不大。事實上，發生的事情是：內部的和外部的壓力結合起來，迫使他放棄先前占主導地位的態度而走另一個極端 —— 不過，要不是首先有衝突存在，這種改變是不會發生的。

　　從正常的觀點看，三種態度不應該相互排斥。一個人應該是既能屈從於人，也能夠氣勢凌人，還能夠規避他人。三者可以互補，和諧一致。如果某一種傾向壓倒其餘，則只表明在一個方向上走過了頭。

　　但是，在精神官能症中，有好幾個理由說明何以這些態度無法協調。精神官能症患者無法靈活應對外界，他別無他法，只能屈從、抗拒，或逃避，不論這一行為在具體的情況下是否

適當。假如他以別的方式行動，反而會感到驚惶失措。這樣，當三種態度都在他身上強烈表現出來時，他便陷入劇烈的衝突裡。

　　還有一個因素嚴重地擴大了衝突的範圍，這就是：上述各種態度並不一直局限在患者與他人的關係中，而是逐漸蔓延到整個人格，就像惡性腫瘤蔓延到整個身體組織。這些態度最終不僅完全支配著患者與他人的關係，也控制著他與他自己、與生活本身的關係。如果我們沒有充分意識到這種支配一切的特性，我們就容易把結果的衝突孤立地看成一對對矛盾，諸如愛與恨、順從與反抗、臣服與支配等等。然而這只會使人誤入歧途，其謬誤正如我們想要區分法西斯主義與民主制度時，就只抓住二者在一個問題上的相反特色，比如對宗教與權力的態度不同，便以為萬事大吉了。不同的態度誠然是區別，但只顧一點不問其餘，那就混淆了這一事實：民主與法西斯是兩種迥然不同的世界，代表兩種完全互不相容的生活哲學。

　　衝突開始於我們與他人的關係，而最終影響到我們整個的人格，這並非鮮見。人際關係有巨大的決定性，必然會塑造我們的特質、為自己所設的目標以及我們崇高的價值。所有這一切又會反過來作用於我們與他人的關係，可以說它們是相互交織在一起的。[05]

---

[05]　既然與他人的關係和對自身的態度不可分隔開來，那麼，有一種偶爾見於精神療法刊物的觀點就站不住腳了，那種觀點是：我們與他人的關係和對自己的態度，

　　我的觀點是，因相互矛盾的態度而產生的衝突，構成了精神官能症的核心，所以應被稱為基本的衝突。我再補充一句，我使用「核心」這一詞，不僅是比喻它的重要，還強調它是一個動力中心，精神官能症從這個中心向四周發射出來。我這一觀點正是精神官能症新理論的內核，其涵義將在下面得以披露。廣義地說，本理論可以看作是我先前觀點的擴充，該觀點是：精神官能症是人際關係紊亂的表現。[06]

　　二者中總有一種在理論和實踐上是最重要的因素。 —— 原注

[06]　該觀點首先見於《我們時代的病態人格》，後在《精神分析的新途徑》和《自我分析》兩書中也進行了詳述。 —— 原注

第三章　親近他人

　　只描述基本衝突在一系列個人中的作用，還不夠說明它。因為基本衝突具有分裂的力量，精神官能症患者就在它的周圍設了一道防線。這樣不僅把它擋在了視線之外，也把它深深埋藏在了那裡，反而無法將它以單純的形態提取出來。結果是，冒出表面的主要是各種解決衝突的嘗試，而不是衝突本身。所以，只注意病史的細節，便表現不出掩藏的一切東西，我們所做的描述就必然過於就事論事，無法使問題一目了然。

　　此外，前面章節所做的概述還需要充實。要理解基本矛盾的全部涵義，我們得先分別一個個地研究對立的因素。要取得一定的成功，我們就必須將個體分為幾種類型來觀察，每個類型的人都有某種因素占居主導地位，而該因素也代表患者更願接受的那個自己。為了簡明扼要，我們把這些類型劃分為順從型人格、攻擊型人格、疏離型人格三種。[07] 在每一種類型裡，我們著重注意患者更願意接受的態度，盡可能不去考慮它所掩藏的衝突。在每一種類型中，我們全都會發現，對他人的基本

---

[07]　「類型」這一術語在此處僅是一種簡化的用語，代表有清楚性格特徵的人。我絕無意圖在本章或下面兩章中創建一種新的類型論。樹立一種類型論當然是求之不得的事，但必須有更廣泛的基礎。—— 原注

心態引出了或至少有助於引出某些需求、特質、敏感、壓抑、焦慮，以及一些特定的價值。

這種探討方式也許有弊端，但它肯定有優點。首先調查的類型應該比較明顯地表現出態度、反應、信念等的功能與結構，這樣，當這些因素含糊不清地出現在類似的病例中時，我們能更容易認出他們。不僅如此，觀察典型的、沒有夾雜其他表現的病狀，有助於找出三種態度的內在矛盾。我們再次回到民主與法西斯之間的類比，如果我們想指出民主與法西斯兩種意識形態之間的本質區別，我們不會拿一個對民主思想持有信仰的同時，又不自覺地對法西斯手段懷有欽羨之心的人來作為參考。相反，我們會先從國家社會主義的宣傳材料與實際活動中對法西斯觀念有一個了解，然後才著手將文字宣傳與實際活動和民主生活方式中最具代表性的相應表現進行比較。這樣，從兩種信念之間的對比，我們將得到一個清晰的印象，從而有助於我們理解那些試圖在兩者之間達到妥協的人。

第一組是順從型，表現出所有「親近」他人的特點。他對溫情和讚賞有明顯要求，尤其需要一位「夥伴」，即是說，一個朋友、一位情人、一個丈夫，或一個妻子。總之，「他能夠完成患者對生活的一切希望，能幫助患者決定善與惡，他最主要的任務就是替患者穩操勝券」。[08] 這些需求具有一切精神疾病傾向

---

[08]　引自卡倫・荷妮《自我分析》一書，諾頓出版公司，1942 年版。── 原注

所共有的特點：它們是強迫性的、盲目的，受挫後便產生焦慮或變得頹喪。這些需求與「他人」的固有價值無關，也與患者個人對它們的真實感情無關。無論這些需求在其表現上怎樣各不相同，它們圍繞的中心卻是相同的，即對親近的渴求，對歸屬的渴求。由於這些要求的盲目性，順從型的人總愛強調他與別人趣味相投、氣質相近，而無視他與別人不同的地方。[09] 他對人的這種誤解不是因為愚昧、呆笨或不會觀察，而是源於他的強迫性需求。正像某個病人的畫作顯示的那樣，他或她感到自己是被奇形怪狀又危險的野獸團團包圍在當中的一個小孩。比如一位女患者把自己畫在圖畫中間站著，又小又可憐，一隻大蜜蜂繞著她飛，想叮她，身邊還有一條狗要咬她，一隻貓想抓她，一隻牛想用角頂她。顯然，這些動物的實際特性在這裡是無關緊要的，我們只是可以這樣說：它們當中更帶攻擊性因而也更令人畏懼的，正是患者最需要其溫情的。總之，這種類型的人需要別人喜歡他、需要他、想他、愛他；他需要感到別人接受他、歡迎他、讚賞他、佩服他、離不了他，尤其是某一個人需要他；他需要有人幫助他、保護他、關心他、指導他。

　　當心理醫生向病人指出他的這些需求的強迫性時，病人可能認定這些慾望都是十分「自然」的。要知道，病人在這點上是有理由為自己辯護的。誠然，有少數人整個身心都浸透了虐待

---

[09]　參見《我們時代的病態人格》第二、五章討論到的對溫情的需求，以及《自我分析》第八章關於病態依附現象的討論。── 原注

狂傾向（後面將討論這一點），以致於對溫情的慾望已被完全窒息了，但除了這種人，我們可以說每個人都需要別人喜歡，需要歸屬感，需要有人幫助，等等。病人錯在於，他認定他不顧一切對溫情和贊同的渴望是真誠的，但實際上他的這些需求籠罩著對安全感貪得無厭的渴求。

　　患者對安全感的需求太迫切了，所以他做的每一件事都是為了滿足這一需求。在他的努力下，他便產生出某些特質和態度，而這些特質和態度便鑄成他的性格。這類特質和態度有一部分可以稱做是「給予溫情」的，即他能敏銳感受到他人之所需──當然，如果他在情感上能理解別人的話。比如，儘管他有可能忽視一個自願離群者對獨處的需求，他卻隨時準備滿足別人對同情、幫助、贊同等的渴望。他自覺地盡力做到無愧於別人對他的期望，或他確信是別人對他的期望，因而他常常看不見自己的真實感情。他變得「無私」、「富於自我犧牲」、「無所索求」，只有一點是他不斷渴求的，那就是別人對他的溫情。他變得屈從人意，過分周到（當然是在他可能做到的限度內）。他事事讚不絕口，處處感激不盡，隨時慷慨大方。其實在他心底深處他並不怎麼關心他人，反而認為他們虛偽自私，但他本人對這一事實視而不見。但是，假如允許我用意識的術語來描述無意識的東西，我可以這樣說：他自己確信他是愛所有人的，他們都「很不錯」，值得信任。他的這一謬誤，不僅後來給他帶

來巨大的失望，而且加重了他整體的不安全感。

這些特質並不像他本人以為的那麼寶貴，尤其是他並未讓自己的感情或判斷介入自己的所作所為，而是盲目給予，同時又不由自主地要求得到同樣的回報。所以，他如果沒得到回報便深感不安。

伴隨著這些屬性並與它們重疊交叉的，是另一種特性，它表現為迴避別人的不滿，逃避爭吵，躲避競爭。他總是使自己從屬於別人，站在次要的位置上，把顯赫地位讓與他人；他總是息事寧人、委曲求全，而且毫無怨恨（這一點是有意識的）。對報復、成功的慾望，全都被深深壓抑下去。連他自己也常常感到奇怪，怎麼自己這麼容易就妥協了，又從不對什麼事耿耿於懷。這當中還有一點很重要，那就是他傾向於自動地承擔罪責。這裡，他還是無視自己的真實感情，即是說，不管自己是否真正感到有過失，他都處處譴責自己，從不問罪他人。在面對顯然毫無根據的批評或可以預料的非難時，他只是自我檢討、首肯致歉。

這些態度不知不覺逐漸變成明顯的壓抑感。由於任何攻擊性行為都是他所要忌諱的，所以我們這裡便發現了壓抑：他不敢堅持己見，對人不敢批評指責、有所要求；不敢發號施令，不敢突出自己，也不敢有所追求。還有，由於他的生活完全以他人為重心，他的壓抑阻止他為自己做點什麼或有什麼個人喜

好。這種情況發展到最後，甚至會使他覺得任何一場沒有別人參與的體驗都是毫無意義的，即使那只是一頓飯、一場電影、一段音樂、一處大自然的風光。無需贅言，這樣嚴格地限制自我取悅，不僅使他的生活極度貧乏，也更增加了他對人的依賴性。

這種類型的患者除了把上述特質理想化而外，[10] 他對自己還有某些特殊的態度。其中有一種是：他深感自己軟弱無助，有一種「我多渺小可憐」的感覺。當他得自己拿主意時，他便感到一籌莫展，像一隻迷失了港灣的小船，又像失去了教母的灰姑娘。這種無助感有一半是真的。不難設想，一個人無論何時何地都感到自己無法抗爭，自然只能真正變得軟弱。此外，他既不向自己也不向別人掩飾自己的這種無助感，他甚至在夢中發現自己更是可憐巴巴的，他還把這種無助感當作吸引別人或保護自己的手段：「你必須愛我、保護我、原諒我。別丟下我，因為我是這樣軟弱無助。」

從他甘居從屬地位的態度產生出第二個特點。他認為別人理所當然比他優秀、比他有吸引力、比他有智慧、比他教養好、比他高明。他的這種感覺倒是有事實根據的，因為他缺少主見，軟弱無能，這的確傷害了他的能力。即使在他無疑具有才能的領域內，他的自卑感還是使他把榮譽歸於別人 —— 儘管

---

[10]　參見第六章：「理想化意象」。　—— 原注

本來是他的功績──並認為別人比他更有才能。在面對攻擊性或盛氣凌人的人時，他更感到自己渺小無用。然而，甚至在他獨自一人時，他也傾向於低估自己的特質、天資、才能，以及他的物質財富。

第三個典型特色是他的依附性，這就是，他無意識地傾向於以別人對他的看法來評價自己。他的自我評價隨著旁人的褒貶不同而時高時低，隨著別人的喜惡變化而上下波動。這樣，別人的任何拒斥對他來說都是災難性打擊。如果有人沒有回報他的邀請，在意識領域內他可能是以通情達理的明智態度來看待的，但在他的內心世界裡自有其特殊的邏輯方式，而這種邏輯會把他的自我評價降低為零。換言之，任何批評、拒斥或背棄都是可怕的危險，他會失魂落魄地以最大努力來挽回那個他因此而害怕的人對他的看法。他一邊臉挨了耳光卻又把另一邊臉湊上去，這並非由於某種神祕的「受虐狂」驅力所迫，而是他根據內心發出的指令所能做的唯一努力。

所有這一切形成了他的一套特殊的價值觀。自然，根據他的成熟程度，這些價值觀的明確和堅定程度也大小不同。它們涉及到善、同情、愛、慷慨、無私、謙卑；而自私、野心、粗心、放蕩、權勢等是他深惡痛絕的，雖然他也同時暗暗讚賞這些屬性，因為它們代表了「力量」。

以上所列的屬性，就是精神官能症的「親近他人」所包含

的因素。現在已經很清楚了，只用一個術語（如「屈從」或「依附」）來描述這些特徵是很欠妥的，因為這些屬性中暗示著一整套思維、感覺、行為的方式，就是說，暗示著一種生活形態。我答應過不討論相互矛盾的因素。但是，如果我們不知道對相反趨勢的壓抑會在何種程度上增強主導的趨勢，我們就無法充分理解病人是怎樣死守他的這些態度和信念的。所以，讓我們短暫一瞥這幅圖畫的反面。我們在分析「順從型」時發現病人實際上是把自己的攻擊傾向壓抑著。患者表面上雖然對人非常關切，可我們發現他對別人其實缺少興趣。他更多的是藐視、無意識的強取或利用他人、控制和支配他人、凶狠地想勝過他人、要成功地報復他人。當然，被壓抑的內驅力在種類和強度上各不相同。一部分原因是：它們產生於幼年時代所受的不幸。比如，某一病史告訴我們，患者在 5 ～ 8 歲以前暴躁易怒，後來逐漸好轉，但代之而起的又是過分的馴服。不過，成人時期的經驗也會產生和增強攻擊性趨勢，因為許多因素都隨時可以成為敵對情緒的根源。要在這一問題上深入研討所有這些因素，超過了本書的範圍，這裡只需說明：「自我抹殺」和「與人為善」只會招致被踐踏、被捉弄的處境，而依附他人也只會使自己更加脆弱。結果，病人反而感到被忽視、被拒斥、被輕蔑，尤其是在他對大量溫情和高度讚揚的期待落了空的時候更是如此。

　　當我說所有這些感情、驅力、態度都受「壓抑」時，我是根據佛洛伊德對該術語的理解來運用它的，意思是：病人不僅意識不到這些壓抑的存在，還強烈地希望永遠也不會意識到它們。他甚至憂心忡忡地提防著，怕的是這些壓抑的跡象會在自己或他人面前暴露出來。這樣，每一種壓抑都向我們提出這個問題：「患者把內心的某些東西壓抑下去的目的是什麼？」在順從型中我們可以找到幾種回答，但是只有在我們已經討論了理想化意象和虐待狂傾向以後，才能理解這些回答。現在我們可以知道的是：敵意能危及患者去愛別人和被人愛的需求。不僅如此，在他看來，任何攻擊性行為或自我肯定都顯得自私。他自己就會首先譴責這種行為，從而認為別人也在對之進行譴責。他絕不敢貿然招來這種譴責，因為他的自我評價完全有賴於別人的贊同。

　　凡帶有肯定、報復、勇猛等性質的感情和衝動都被壓抑下去，這還產生另一種作用。那正是患者的諸多試圖中的一種，其目的在於消滅衝突，製造一種一致、和諧與完整的感覺。我們內心對人格統一的渴求並不是一種神祕的慾望，有兩個因素促成這一慾望：其一是我們的實際需求，即我們的生活之輪必須照常運轉，而當我們被方向相反的驅力持續地逼迫時，則做不到這一點；其二是我們產生的一種巨大的恐懼，害怕被分裂。突出一種傾向而把其餘傾向窒息掉，正是一種無意識的嘗試，

企圖對人格進行組織。它是患者的一種主要解決衝突的辦法。

於是，我們發現患者嚴屬壓制自己的所有攻擊性衝動 (Libido)，有兩個目的：他的整個生活方式不能受到威脅，他虛假的完整性不能被破壞。攻擊性傾向越具有破壞性，越是需要嚴格地加以清除。患者只是退守，不敢要求，也從不拒絕別人之所求；總是表示喜歡別人，永遠屈居次要地位、躲在後臺，等等。換言之，屈從、討好等傾向更加增強，它們變得更帶強迫性，更加盲目。[11]

自然，所有這些無意識的試圖，並不能阻止被壓抑的衝動發生作用或表現出來。但它們的阻止方式卻適合於精神官能症結構。患者對他人有所要求，因為他自覺值得可憐，或者，他在「友愛」的外衣下暗行支配之實。被壓抑的敵意，累積到一定時候就可能以不同的猛烈程度爆發出來，表現為不時的惱怒和情緒的惡化。儘管這些爆發有違於患者對溫良恭儉讓的標準，他本人卻以為這完全是自然的。從患者自己的角度而言，他並沒有錯。由於他不知道他對別人的要求都是過分的，以自己為中心的，他自然隨時覺得別人待他不公，簡直無法忍受。最後，假如被壓抑的敵意聚集了足以引起無名怒火的力量，就可能導致多種身體功能失調，比如頭痛或胃潰瘍。

所以，「順從型」的多數屬性都有雙重動機。當患者自我貶

---

[11]　參見第十二章：「虐待狂傾向」。——原注

低時，他的隱祕的目的是避免摩擦，求得一團和氣，但這也可能是壓抑自我的一種手段。當他讓人占據上風時，既是在屈從忍讓，也可能是在逃避心中升起的想要利用他人以達成自己的願望。要克服精神官能症的屈從傾向，就要對衝突的兩面進行深入、恰當的分析。我們有時候從觀念保守的精神分析刊物上得到這樣一種觀點，似乎「把攻擊性傾向加以解放」就是精神分析療法的本質。這種觀點只暴露出對精神官能症結構的複雜性，尤其是對其多樣性的無知。這種觀點只對所討論的某一特殊類型還說得通，但即使在這種類型中，這種觀點的可行性還是有限的。對攻擊性驅力的揭示就是解放，但假如「解放」本身被當作目的，那就給患者帶來危害。我們必須在揭示之後繼續研究衝突，才能達到患者人格的最終整合。

我們還需注意愛情和性慾在順從型中所起的作用。在患者眼中，愛情似乎是唯一值得奮鬥的東西，是生活的目的。沒有愛情的生活顯得乏味、空洞、無趣。借用弗里茲·維特爾斯 [12] 討論強迫性追求 [13] 時所用過的話來說，愛情成為被追逐的幻影，別的一切都不重要。無論是人還是自然，是工作、是娛樂還是一種興趣愛好，如果沒有愛情關係為它們增添色彩和風味，它們便毫無意義。在我們的文明中，這種痴迷更多見於女

---

[12]　弗里茲·維特爾斯 (Fritz Wittels, 1880～1950)，奧地利裔美籍精神分析學家。

[13]　弗里茲·維特爾斯的文章〈精神官能症患者的無意識幻影〉(Unconscious Phantoms in Neurotics)，見《精神分析季刊》，第八卷第二部分，1959 年版。──原注

性。這一事實使人們產生一種看法，即以為它是女性的一種特有的渴求。實際上，這種痴迷與性別無關，而是一種精神官能症表現，因為它是一種有悖常理的強迫性內驅力。

　　如果我們懂得順從型的結構，就能夠明白為什麼患者把愛看得如此重要，為什麼他會有那些「瘋狂的辦法」。考慮到他矛盾的、強迫性傾向，我們必須說，實際上那是唯一能使他所有病態需求得到滿足的方式。它既能滿足被人喜愛這一需求，也能達到（透過愛情）支配他人這一要求；它既居於次要地位，又能夠突出自我（透過對方向自己獻出全部的愛）。這種方式既能使他發洩全部的攻擊性傾向，又顯得正當無邪甚至高尚，還給他機會去表現出友善與仁愛。不僅如此，由於他意識不到他的挫折和苦惱源自於內心的衝突，愛情便成為治療這些毛病的靈丹妙藥，他相信，只要能找到一個愛他的人，一切都會好了。我們只說這是一種錯誤的願望，還遠遠不夠，我們必須理解他無意識的思維邏輯：「我軟弱無助，要是我孤身一人活在這充滿敵意的人世上，我的無助狀態對我便是一種危險和威脅。但假如我找到一位愛我甚過愛一切的人，我就不再有危險了，因為他（或她）將保護我。有了他，我就無需自我肯定了，因為他能理解我，把我想要的給予我，而且用不著我提出請求或作出解釋。這樣，我的弱者地位反而是一件好事，因為他會愛憐我的無助而讓我依附在他的力量上；我為自己是主動不起來的，但

如果是為了他，或甚至只是為了他希望我能為我自己做的事，那我也會迫不及待。」

　　他就這樣重新建構著自己的思維和推理，將它系統化。這當中有些是思悟所得，有些僅僅是感覺，還有很多是無意識，他繼續推想下去：「孤身一人對我是折磨。這並不僅僅因為我對無人分享的東西感受不到樂趣，還因為我感到絕望、焦慮。誠然，我可以一個人在週末晚上去看電影或讀一本小說，但那是可恥的，因為這使我感到沒有人要我。所以我必須做好安排，絕不要在星期六晚上一人獨處，或任何時候孤身一人。但如果我得到一個對我一片痴心的情人，他就會替我解脫這種折磨，我也不再孤獨了。現在顯得毫無意義的一切，比如準備早餐、工作或觀看落日等，都將變成歡樂。」

　　他還這樣想：「我是沒有自信的。我總覺得別人比我更有才幹、更有天資、更有吸引力。甚至我盡力完成的工作也一無是處，引不起榮耀感。我完成的東西也許不足掛齒，或者只是碰上了運氣。我不敢擔保還能這樣再進行一次。假如別人真正認識了我，便會不再理睬我這個無用之徒。但如果我找到一個愛我之所是，很看重我的人，別人對我也就刮目相看了。」所以，難怪這種愛像海市蜃樓那樣誘人，也難怪病人將它死死抓住不放，捨棄了更為艱苦的努力 —— 從內部來一番改變。

　　在這種情形下，性交除了具有生物性的功能外，還有一種

價值：證明自己是被需要的。順從型患者越是自我孤立（即害怕感情的捲入），或者說越是放棄被愛的希望，他的性行為就越可能取代愛情本身。他會以為那是親近人的唯一途徑，他還會高估它（正像他高估愛情）解決矛盾的力量。

如果我們能小心地避免兩個極端——其一是病人對愛的過分看重當作「完全自然」的事，其二是乾脆冠之以「精神官能症」——那麼，我們將看到，順從型患者在這方面的追求正是他生活合乎邏輯的結果。我們常常——也許是必然——在精神疾病症狀中發現，病人的有意識和無意識的推論本身是無可指責的，但這種推論的出發點卻是謬誤的。其謬誤在於：患者把自己的需求誤當作溫情，把與之相關的東西誤認為是真有能力去愛，而且將自己的攻擊性甚至破壞性傾向排除在外。換言之，他忽視的是整個精神上的衝突。他所指望的，是消除衝突會產生的有害後果而又不對衝突本身進行任何改動。這種態度正是每一種企圖解決衝突的努力所特有的性質，這也是為什麼這些努力到頭來注定失敗的理由。不過，對於把愛作為解決手段的情況，我們還得說一句。如果「順從型」患者真的幸運地找到一個夥伴，這夥伴有力量也有溫情，或者這夥伴的精神疾病症狀剛好與他自己的相互彌補，那麼，他的苦惱有可能大大減輕，甚至會感到一定程度的快樂。多數情況不是如此，他將在塵世中尋找天堂，這種關係只會將他推入更深的不幸，他極有

可能將自己的衝突帶進這種關係中，從而毀掉這種關係。這種關係的最好可能性也只是緩解實際的憂煩，而只要他的衝突得不到解決，他的健康發展之路就是被堵死的。

第四章　抵抗他人

　　在討論基本衝突的第二個方面——「抵抗他人」的傾向時，我們仍然用前面的方法，首先研究攻擊性傾向最主要的那種類型。

　　先回顧一下順從型的一個主要特徵：他固執地以為人皆「善」，但又不斷受到相反事實的沉重打擊。同樣，我們也看到攻擊型的一個類似的特徵：他認為人皆「惡」是理所當然的，但又拒絕承認人不是如他所想的那樣。在他看來，生活就是一場大搏鬥，任何人無不爭先恐後。他只是很不願意地、很有保留地承認有少數例外。他的態度有時是一望便知的，但更多時候這種態度外表有一層掩飾，那便是禮貌周全、剛正不阿、待人友好。這種外表可以比喻為陰謀家為了權宜之計而做的讓步。事實上，這是虛飾、真實感覺和精神需求的大雜燴。這種精神官能症患者的一個慾望是使別人相信他是好人。而在這種慾望中，有可能摻合著一種真心實意，尤其是患者明知他的支配地位是眾所周知的時候。這當中有些因素可能表明了對溫情和讚賞的精神渴求，而這種渴求卻服務於攻擊性目的。順從型不需要這種「門面」，因為患者的價值觀就正與社會或宗教所認可的美德標準相一致。

　　事實是，攻擊型患者的需求帶有和順從型同樣的強迫性。要理解這一點，我們必須意識到這些需求是由他的焦慮引起的，特別強調這一點，因為在順從型中占顯著位置的恐懼，卻是在攻擊型中從未聽說也從未見到的。對他而言，任何事物都是，或終究會變得，或至少顯得是凶多吉少的。

　　他的需求發自他的一種感受。他感到人生是一個搏鬥場，只有適者才能生存，像達爾文（Charles Darwin）指出過的，是弱肉強食。生存的可能與否很大程度上有賴於人生活於其中的文明制度，但無論怎樣，為了個人利益而頑強奮爭是第一條定律。由此產生控制別人的首要需求，至於行使控制的手段則數不勝數。有直接大權在握，也有以對人關心備至或使人感恩戴德的方式而達到間接支配的目的。他更願意幕後使權，採用的手段經過深思熟慮，這表明他確信只要老謀深算或富於預見，沒有辦不成的事。他的控制所採用的形式，一方面依靠先天秉賦，另一方面則是相互衝突的各種傾向。例如，一位攻擊型患者同時又傾向於自我孤立，他就能避免去直接控制別人，因為那樣反而會使他與別人發生更密切的接觸。如果他暗暗渴望別人的友愛，他也會選擇間接的控制手段。如果他想的是幕後使權，則表現出虐待狂傾向，因為這樣才能利用他人而達到自私自利的目的。[14]

---

[14]　參看第十二章：「虐待狂傾向」。——原注

　　伴隨這些需求的，是想超群出眾、事事成功、幾重光環加身或獲得某種形式的顯赫。為這類目的而進行的奮鬥在一定程度上是指向權力的，尤其在一個競爭性社會裡成功和威望只會增強權力。但這些奮鬥也使患者主觀上獲得一種力量的感覺，因為在自身以外他發現了對自己的肯定、讚美以及高人一等的事實。跟順從型一樣，重心不落在自身而是自身以外，只是病人所要求的肯定在種類上不同。事實上，順從型也好，攻擊型也好，兩者所需要的肯定，都是徒勞無益的。當人們奇怪為什麼自己取得了成功還是感到不安全時，這只證明他們缺乏心理學常識。既然他們有這種疑惑感，這就表明成功和威望通常在一定程度上被作為判斷標準。

　　強烈地想要利用他人，靠小聰明壓倒他人，使他人給自己帶來好處，這些需求都是攻擊型的特色。患者對待任何局面或關係時所持立場是：「我能從中得到什麼？」不論是錢、聲譽、接觸或是一些點子，他都要這樣想。患者本人有意識地或半有意識地確信，每個人都是這樣的，重要的是要比別人做得更周全。他養成的性格幾乎剛好是順從型的反面，他變得倔強、堅毅，或給人這樣的外表印象。他把所有的感情，包含他自己的和別人的，都看成多愁善感。對他來說，愛情也無足輕重。這並不是說他從未愛過，從未與異性發生關係或從未結過婚，而是說他最關心的是找這樣一個配偶，這個配偶能激起他的慾

念，他自己的地位又可以透過這個配偶的魅力、社會聲望或財產而大大提高。他根本不認為有必要對他人表示關心：「我為什麼操這個心？讓別人自己關心自己吧。」假如問他一個倫理學老問題，即一個木伐上有兩個人，只能活其中一人該怎麼辦時，他會說，他當然認為盡力保全自己要緊，不這樣做才是傻瓜，才是偽君子呢！他絕不承認自己有畏懼，總是竭盡全力將這種情緒嚴加控制。比如，他可能強迫自己呆在一幢空房子裡，雖然他懼怕盜賊；他可能會堅持騎在馬上，直到克服了對馬的畏懼才下來；他也許有意穿越多蛇的沼澤地，以擺脫對蛇的恐懼。

順從型趨於討好，而攻擊型卻不惜一切地好鬥。在與別人爭執中，他興致勃勃，處處留意，不惜死命相爭以證明自己正確。尤其他在被逼得沒有退路時顯出「英雄本色」，往往變守為攻。與順從型害怕取勝的心理相反，攻擊型患者是輸不起的，他只能贏不能輸。前者遇事責怪自己，後者事事推諉他人。但兩者的相同處在於他們都沒有過失感。順從型患者在自責時並不真的相信自身有錯，只是情不自禁被驅迫著去自我譴責。同樣，攻擊型患者也並非確信別人不對，他只是武斷地認為自己正確，因為他需要這種主觀的自我肯定，正如一支軍隊需要一個安全的陣地才能發起進攻一樣。輕易地承認一個並不是非承認不可的過失，他認為這不僅暴露出他的愚蠢無知，而且暴露出他的軟弱可欺，而這是不可饒恕的。患者居然有如此深

切的現實感——他所持有的那種「現實主義」，正是與他的態度——必須對抗這個帶有敵意的世界——相一致的。他絕不會「天真」地忽略別人可能阻礙他的目標的表現，包括別人的志向、貪婪、愚昧或其他。由於在競爭文明制度下，像他這一類屬性遠比禮貌、教養更為常見，他便覺得有理由這樣做，自己是現實派。實際上，他和順從型患者同樣是有缺陷的。他的現實觀還有另一個內容，那便是極為看重謀略與預見，像一個優秀策士一樣，他隨時隨地謹慎地估計自己的機會、對手的力量、可能的陷阱。

因為他常常必須自認為是最強有力、最有頭腦或最受人尊敬的人，所以他總是盡量發展自己的能力和機智以證明的確如此。他對工作的孜孜不倦、苦心經營，有可能得到他上司另眼看待或在自己的事業中大顯身手。然而，這種對工作的專心致志在某種意義上可能只是假象，因為對他而言工作只是他達到某一目的的手段。他並不愛自己所從事的工作，並不能真正從中得到樂趣。這種情況也是與他竭力從生活中排斥感情這一現象一致的。這對感情的強行窒息有雙重效用：一方面，它無疑是為了成功而採用的權宜之計，使患者能像一個上足了潤滑油的機器那樣順利運行，不停地製造能給他帶來重大權力和聲望的產品。在這裡，讓感情插足只會誤事，感情用事顯然只會減少他的機遇。它只會使他恥於運用那些他通常在成功之路上所

運用過的心計，它可能誘使他放棄雄心而沉溺於對自然或藝術的陶醉之中，或使他傾心於朋友而不是只接觸可以利用的人。另一方面，對感情的窒息必然造成內心激情的貧乏，而這種貧乏對他的追求必有影響，那就是：它注定要破壞他的創造性。

攻擊型患者給人的印象是他毫無壓抑之累，他能公然說出願望、發號施令、大發雷霆、自我防衛。但實際上他的壓抑並不比順從型的少。他特定的壓抑並不立即使我們覺得那是壓抑，這並不能主要歸因於我們的文明制度。這些壓抑寓於感情領域之中，涉及他在交友、戀愛、表達感情、表示同情和理解、享樂而不帶私慾等方面的能力，他甚至會認為無私心的快樂只不過是浪費時間。

他覺得自己強大、誠實和現實。當然，如果我們以他的方式來看事物，那他並沒有錯。根據他自己的出發點，他的自我估計完全是合乎邏輯的。因為在他看來殘忍無情就是力量，不關心他人就是誠實，不惜手段地追求自己的目標就是現實觀念。他自認為誠實，這還有一個緣故：他能一針見血地戳穿周圍人們的偽善。他認為對事業的熱情、慈善的心腸等等都是偽裝。而且，他要揭露那些「公益精神」或「宗教美德」的真實面目，也並不困難。他的價值觀是建立在弱肉強食哲學基礎上的。強權即真理，讓仁慈和寬恕見鬼去吧 —— 人都是狼（Homo homini lupus）！這裡，我們看到這種價值觀與大家熟悉的納粹觀

念並無二致。

　　攻擊型患者傾向於不僅拒斥真正的同情和友好，也傾向於拒斥這兩種特質的變種：屈從和討好，這是自有其主觀邏輯的。但我們不能就此斷定他不分真偽。當他遇到一種確實友好而又有力量的性格時，他是能夠認識並表示敬意的。問題在於他認定在這方面過於明辨是非對自己只會有害無益，他覺得，他拒斥的那兩種態度都是生存鬥爭中沒有把握的冒險。

　　那麼，他何以如此堅決地拋棄人情中更溫柔的一面呢？他何以會看到他人的感情行為便感到噁心呢？當有人表現出他認為不該有的同情時，他為什麼要這樣嗤之以鼻呢？這種患者的行為就像是一個人把乞丐趕出門外，因為他不忍目睹乞丐那種慘狀。的確，他還真可能對乞丐出言不遜，他會一文不給，顯出過分的惡意，這些反應都是他所特有的。心理醫生在治療過程中很容易觀察到這些反應，尤其是當攻擊性傾向緩和下來時。實際上，他對他人的「溫和」有著矛盾的感受。誠然，他因此而瞧不起別人，但同時他又喜歡別人那樣，因為這樣一來他便更能夠毫無顧忌地追求自己的目的。可是，為什麼他還是經常感到順從型對自己的吸引，正像順從型常被他所吸引呢？他之所以有如此強烈的反應，是因為受內心一種需求的驅使所致，即他需要戰勝自身的溫和感情。尼采（Nietzsche）就對這些驅動力作了很好的解釋，他讓他的超人把任何形式的同情都

看成第五縱隊──一種從內部起作用的敵人。對攻擊性患者來說，「溫和」不僅意味著真正的溫情、憐恤等，還意味著順從型病人的需求、感情和準則所蘊含的一切。就舉乞丐為例吧，攻擊型患者還是感受到內心為真情所動，想對乞丐的行乞作出應允，覺得應該伸手相助。但同時他還感受到一個更強烈的需求，那就是把這一切念頭都趕走，所以，結果他不僅拒絕施捨，還惡語相傷。

順從型希望將各異的內驅力融合於愛中，而攻擊型則希望自己的名望能達到同一目的。享有名望，這不僅有可能實現他所追求的自我肯定，還給了他一個誘惑──獲得別人的好感，從而自己能夠反過來對他們產生好感。由於名望似乎是解決衝突的辦法，所以他像沙漠中看到了清泉幻影的旅行者一樣追逐著它。

他的思想內在邏輯原則上與順從型的情況相同，因而這裡只需稍加說明。對攻擊型來說，任何情感、任何為當「好人」而少不了的義務、任何委曲求全，都是與他奉行的整個生活方式相矛盾的，只會動搖自己信念的根基。不僅如此，這些對立傾向的出現，使他不得不面對自己的基本衝突，從而粉碎他精心設計的局面──完整性。最後的結果是：對溫和傾向的壓抑必然增強攻擊性傾向並使它變得更具強迫性。

如果本書已討論過的這兩種類型給了我們較為生動的印

象，我們可以發現這兩者代表兩個相反的極端。甲之所好，正是乙之所惡。一個視人為友，另一個則視人為敵。一個不惜一切避免對抗，另一個視對抗為自己的天性。一個心有畏懼、軟弱無助，另一個將這類感覺一掃而光。一個在精神上總是導向仁愛理想，另一個卻篤信弱肉強食的規律。但自始至終兩者都不是自由地選擇自己的形式，這些形式都是強迫的、不可通融的，由內心需求決定的。它們都沒有可以立腳的中間地帶。

我們討論了兩種類型，現在可以再往前跨一步了。我們發現了基本衝突蘊含的內容，到此為止我們已看到基本衝突的兩個方面在兩種不同類型中體現為占壓倒優勢的趨勢。我們現存的任務是，描述這樣一個人：他身上這兩種對立的態度和價值觀勢均力敵。很明顯，這樣一個人會同時被兩種方向相反的力無情地驅迫，他根本無法承受。所以實際上他會被分裂開來，使整個思維活動完全癱瘓。他勢必力圖去掉某一方面的壓力，結果不是落入第一種類型就是陷進第二種類型，這是他試圖解決衝突的辦法之一。

像這種單方面畸形發展的實例，用榮格的觀點來分析，就顯得說不通了，至多像是一個表面形式上正確的論斷。但由於榮氏觀點是建立在對驅力的誤解上，其內涵也就完全錯了。榮格從片面的觀點出發，說治療時醫生必須幫助病人使他願意接納他的對立面，我們要問：「那怎麼可能呢，病人是不會接納

的，他只能意識到自己的對立面。」如果榮格想靠這一步驟使病人保持自我統一，我們的回答是：「患者最終的整合需要這樣做，但該步驟本身只是使病人面對自己的衝突，結束他對衝突的迴避行為。」榮格沒有恰當估量的是精神疾病傾向的強迫性。在「親近他人」與「抵抗他人」之間並不簡單地只存在「弱」與「強」的差別，也不是像榮格所說的只是「女性氣質」與「男性氣質」的差別。我們所有的人都同時既有屈從又有攻擊這兩種潛在傾向。一個沒有被強迫驅使的人，經過極大努力就能達到某種程度的整合。不過，如果我們這兩種傾向的程度已近於精神官能症，它們對我們的成長則只有危害性。兩件壞事加在一起並不會變成一件好事，兩種相互衝突的東西也無法構成和諧的整體。

第五章　迴避他人

　　基本衝突的第三種類型就是離群獨居的需求，就是對他人的迴避。在對這種類型進行檢驗之前，我們必須先理解精神疏離是什麼意思。顯然，這種類型並不是偶爾才需要孤獨，每一個認真對待生活與自己的人偶爾都有一人獨處的需求。由於我們的文明早已將我們淹沒在生活的外部世界之中，所以我們對這種要求很不理解，但歷史上的各種哲學與宗教無一不強調它對個人的完善有促進作用。渴望一種富有意義的孤獨，絕不是精神疾病的表現。相反，多數精神官能症患者不敢深入到自己心靈的內部，而失去了享有建設性孤獨的能力，這倒正是患病跡象。只有當一個人與他人的關係中出現了難以忍受的緊張，而孤獨主要是為了避免這種緊張時，想獨自一人的願望才是精神疾病的疏離表現。

　　嚴重脫群的人具有的某些特殊表現是如此奇特和典型，使許多精神科醫生趨向於認為這些表現只會是疏離型的特徵。這當中最明顯的是普遍地疏遠他人。這引起我們的注意，因為患者格外強調這一點，但實際上他對人的疏遠並不比其他類型的患者對人的疏遠更嚴重。在前面討論過的兩種類型中，不好籠統地說哪一種更對人疏遠。我們只能說這種特性在順從型裡是

被遮蔽著的，患者一但發現自己在疏遠別人便驚恐不安，因為他親近他人的強烈渴求使他急於相信在自己與別人之間並無鴻溝。退一步說，對人的疏遠只是人際關係失調的標誌，但無論哪種精神官能症都是這樣。疏遠的程度主要取決於關係失調的嚴重程度，而不取決於是哪類精神官能症。

另一種常被以為是疏離型所特有的特徵是對自我的疏遠，就是說，感情麻木愚鈍，對自己之所是、所愛、所恨、所欲、所想、所懼、所怨、所信均無所知，但這種自我疏遠也是所有精神官能症的通病。每個人，從正常狀態到罹病狀態都像是一架受遙控的飛機，注定要失掉與自我的接觸。自我孤立者很像海地島神話中的還魂屍 —— 被巫術復活還生的屍體，它們像活人一樣工作生活，但卻沒有生命，而其他類型的患者卻可以有較豐富的感情生活。既然存在這種多樣性，我們便不能不認為自我疏遠只屬於疏離型。但所有的離群者都共有另一個特性，那就是：他們都能夠帶著一種客觀的興趣來觀察自己，就像人們觀看一件藝術品。也許對他們最好的描述應該是這樣的：他們對自己都持「旁觀態度」，這與他們對生活的整體態度一樣。因此，他們常常是自己內心衝突的優秀觀察者。這方面突出的例證是他們常顯示出對夢中的象徵有神祕的理解力。

最富於關鍵意義的當然是他們內心的一種需求：在自己和他人之間保持感情的距離。更精確地說，他們有意識和無意識

地作出決定，不以任何方式在感情上與他人發生關聯，無論是愛情、爭鬥、合作，還是競爭。他們好比在自己周圍畫了一個魔法圈，任何人不得侵入，這就是為什麼從表面看他們還是可以與人相處的原因。當外部世界擅自侵入他劃定的圈子裡時，他便焦慮不安，這就是他的需求的強迫性表現。

　　他們的需求和特質都指向於這一主要目的：不介入。最顯著的特徵之一是對自立自強的需求。這種需求的一個明確的表現是足智多謀。攻擊型也可能顯得有隨機應變之才，但兩者的精神氣質不同。對攻擊型而言，這種精神是他對抗敵對世界，擊敗別人的先決條件；在疏離型中，這種精神好像是魯賓遜（Robinson Crusoe）式的：為了生存他不得不富於才幹，這是他能夠對自己的孤立進行補償的唯一方法。

　　一種更不可靠的維持自立更生的方式是有意識或無意識地限制自己的需求。要更好地理解這方面的各種動機，我們只需記住這一點：病人隱蔽著的原則是，絕不對任何人或事表示親近，以防那個人或那件事變得不可缺少。否則，他的自我孤立原則就會受到侵犯。還是少管他人為妙。比如：一個自我孤立者仍然可以感受到真正的快樂，但如果這種快樂離不開別人，他寧可放棄。他可以有興致偶爾與幾個朋友一起度過傍晚，但整體而言不喜歡與人往來和社交活動。同樣，他迴避競爭、出名、成功，他還常常限制自己的吃、喝等生活習慣，使自己不

致花太多的時間和精力就能賺夠必須支付的費用。他十分怨恨疾病，認為那是一種屈辱，因為疾病迫使他依賴他人。他可能堅持對任何事物都要有第一手的了解，而不是從旁人的所說所寫來獲得資訊，他只願親眼所見，親耳所聞。當然，這種態度只要不發展到荒謬的地步（比如在陌生地方拒絕向別人問路等），還是有助於形成寶貴的個人獨立性格的。

　　疏離型還有一個特點 —— 保守個人隱私。他像有些住旅館的旅客，房間的門上老是掛著「請勿打擾」的牌子。甚至連書籍雜誌也被他看作外部來的干涉者。任何對他個人生活的提問都叫他萬分震驚，他總想隱祕地把自己包藏起來。一位病人曾告訴我，他 45 歲時還忌恨上帝無所不知的博識。就像他幼年時候的感受，那時他母親告訴他上帝的目光能穿透房頂看到他咬手指，這個病人連他生活中最微不足道的小事也緘口不言。一個自我孤立者發現別人並不特別地看待他，就會惱羞成怒，因為這使他覺得自己的「獨特」被剝奪了。事實上，他寧願工作、睡眠、吃喝時都是自己一人。與順從型形成鮮明對照，他不想與人分享自己的經驗，怕的是別人會擾亂他。甚至在他聽音樂、散步或與人談話的時候，他真正感到快樂也是在後來回味時，而不是在當時。

　　自立自強與保守隱私都表現出他最顯著的需求 —— 絕對的獨立。他自己把這種獨立看作是有積極意義的事。這種獨立當

然有某種價值，因為無論他怎樣軟弱無力，他也絕不是只會任人擺布的機器人。他盲目地拒絕附和他人，又自我清高不介入競爭，的確賦予他以某種廉潔正直的形象。這裡，他的謬誤在於他把獨立本身看成了目的，而忘記了這一事實：獨立的價值最終有賴於它能幫助他做些什麼。他的獨立只是他整個離群表現的一個組成部分，這種離群的目的是消極的，那就是我行我素，不要強迫、束縛、義務。

像其他種類的精神官能症一樣，對獨立的需求是強迫性的、盲目的。它的表現是：患者對任何稍微類似強迫、影響、義務等的東西都過度敏感，敏感的程度恰好是衡量自我孤立傾向的尺度。不同的患者所感受到的限制也不同，對患者肉體的限制，比如衣領、領帶、腰帶、鞋襪，都可能被感覺為壓力。任何對視線的阻擋都使患者有禁閉之感，身居隧道或礦井中更會產生焦慮不安，這方面的敏感並不能完全解釋患者的幽閉恐懼症，但總是它的背景因素。患者盡可能逃避長期的義務：要他簽一個合同、一張契約，只要超過一年期限，便畏首畏腳，萬般艱難；要他決定婚姻大事，更是困難重重，猶疑不決。結婚對孤獨離群者在任何情況下都是危險的舉動，因為那樣必然把他捲入人際親密關係之中，當然，由於患者需要保護，或相信一個伴侶會完全與自己的特殊要求相符，結婚的危險有可能減輕。常常可見患者在決定結婚前顯得驚惶萬狀。無情的時間

以其必然性使他感到是一種強迫，他想方設法晚五分鐘上班，就是為了維持一種自由的幻覺。時間表之類的東西只構成對他的威脅。疏離症的病人喜歡聽這一類故事：一個人拒絕注意時間表，想什麼時候就什麼時候去車站，寧願等下一班的火車。別人如果期待他去做某種事或以某種方式行動，則會使他心中不快，大為反感，也不管這種期待是別人實際表示出來的或者只是自己覺得有的。比如：他也許在平常日子送人禮物，但可能忘記生日禮物或聖誕禮物，因為別人期待著它。要他與約定俗成的行為準則或傳統價值觀念保持一致，是他難以容忍的；他可能外表上保持一致以避免摩擦，但在內心裡頑固地摒棄一切人們習以為常的制度和標準。最後，別人給他的參謀或勸告，他會覺得受到了支配，於是竭力抗拒，即使這種勸告正合他的心意。這裡，他的抗拒也與一種有意無意的願望相關，那就是：挫敗他人。

對優越感的需求雖然可見於所有精神官能症患者，但在本類型中更得到強調，因為它與超群出眾有內在的連繫。我們平常用的「象牙塔」、「巍然獨立」等詞語就證明，甚至在一般的口頭語言中，孤立與優越總是連在一起的。也許，對那種既無法使人變得特別強大而多謀，又無法讓人覺得唯我獨尊的孤立，是沒有任何人能夠忍受的。這已從臨床經驗中得到驗證。當患者的自我優越感被暫時粉碎的時候（不管是某一失敗還是內心

衝突的增加所導致），他就再也無法承受孤獨，而是不顧一切地伸手求助，需要溫情和保護了。這種波動在他的生活史中並非鮮見，在他十多歲或二十出頭的時候，他可能有過一些不冷不熱的友誼關係，但大致上來說過著頗為孤獨的生活，會感到較為怡然自得。他常編織著對未來的故事，幻想著將來完成一番大業，但是後來這些美夢在現實的岩石上摔得粉碎。儘管在高中他毋庸置疑地在班上遙居第一，到了大學他碰上強有力的競爭，便知難而退了。他初次建立愛情關係的嘗試也慘遭失敗，或者，隨著年齡的增長，他意識到自己的夢難以實現，便覺得孤傲離群變得不可忍受了。在強迫性驅力的作用下他不可遏止地渴求別人親近他、渴求異性、渴求婚姻，只要有人愛他，他便甘願受屈。當這樣一個患者來尋求分析治療時，儘管他有明顯突出的症狀，卻不要醫生觸動這種狀態，他所要求的，只是醫生幫助他找到任何一種形式的愛。只有在他感到自己比先前有力多了，他才會以極大的寬慰發現他更願意一個人過日子並喜歡這樣。他給人的印象是舊病復發，又陷入自我孤立。但實際上現在的情況是：他現在第一次有充分而扎實的理由承認 —— 甚至是向自己 —— 他就是想要孤獨。這正是醫生的恰當時機，可以開展治療他的疏離症。

自我孤立者對優越地位的要求，有某些特定的性質。因為他畏懼競爭，所以他實際上並不想透過不懈的努力來超群出

眾。相反地，他感到自己高貴的品格別人應該一看便知，而無需自己費盡心機；他潛在的優點別人應該感受到，而不必有意表現。比如，他會夢見在遙遠地方有一個藏寶物的房子，鑑賞家們老遠而來為的是一睹光彩。正如所有關於優越地位的概念一樣，這裡面也有真實的因素：暗藏的寶物象徵著他用魔法圈守護著的理智與感情生活。

他的優越感的另一表現方式可見於他自認為的「獨一無二」感，這源於他對「與眾不同」的追求。他可能自比為高踞山巔的一棵大樹，而山腳下叢林中的樹木生長卻受到相互的阻礙。另外，假如說順從型會在心中對夥伴產生這種疑問：「他會喜歡我嗎？」而攻擊型想知道：「這對手的力量怎樣？」── 那麼孤立型最關心的是：「他會干預我的事嗎？他是想對我施加影響，還是想讓我獨自一人不加干涉？」皮爾金先生（Peer Gynt）[15] 與鈕扣鑄型機的故事就是一個最好不過的象徵，代表了孤立者被捲進眾人以後所感到的恐懼。「地獄」裡那間自己的屋子無論怎樣都是好的，但若是被扔到一個熔爐中，被鑄成型，或改變成其他的型，都會令他不寒而慄。他感到自己好像是珍貴的東方地毯，設計獨特，圖案和色彩也舉世無雙，永遠不改變。他尤其自傲於抵制了環境磨滅一切的影響，並決心繼續抵制下去。對「不變」的寵愛使他把所有精神官能症固有的僵硬性當作神聖

---

[15]　挪威戲劇家易卜生（Henrik Ibsen）同名戲劇中的主角。── 譯註

的原則來尊崇。他迫切地要擴充自己的模式，使這種模式更純潔、更鮮明，他拒絕接受任何外在的介入。皮爾金有一句既單純又荒謬的格言：「對你自己，那就足夠了。」

　　自我孤立者的感情生活不像其他類型的人那樣有較為一致的模式。不同患者之間的個體差異很大，原因是：與前面兩種類型不同，他們兩種的主要傾向是為了肯定性的目的 —— 順從型追求溫情、親近、愛；攻擊型追求生存、支配、成功 —— 而疏離型的追求帶有否定性：他不要別人介入，不要別人，不許別人干預或施加影響。所以，他的感情狀態有賴於在這種否定性框架中得以生存並發展的特殊慾望，而只有這種疏離型所共有的少量內在傾向能夠形成。

　　患者表現出壓抑一切感情的傾向，甚至否認感情的存在。這裡我想從一部未發表的小說中引一段，作者是詩人安娜・瑪莉亞・阿米（Anna Maria Armi）。因為這段文字不僅簡明地表現了這種傾向，還表現了疏離型的其他典型態度。主角在回憶自己青春歲月時說：「我那時能看清楚我與父親之間的血源關係，也能體會到我與自己崇拜的英雄們之間的精神連繫，但我就看不出這當中有什麼感情。感情根本就不存在，人們總撒謊說有感情，像他們對許多事情都撒謊一樣。B 女士驚呆了，她反問我：『那你怎樣解釋自我犧牲呢？』有好一會我驚詫於她這句話的真實，然後我得出結論：『所謂自我犧牲也是一個謊言，若不

是謊言，也是一種生理或精神的行為。』我那時夢想著過獨身生活，永不結婚，夢想著變得強壯、平靜、寡言、不求人。我要個人奮鬥，要更大的自由，不再做夢，而要清醒地過日子。我覺得道德毫無意義，只要是真的，是善或惡皆無差別。乞求同情，希望外在的援助，才是大罪。心靈對我就好像是神廟，要嚴加守衛，裡面總是進行著奇特的儀式，只有廟內的僧人，這聖廟的監護人，才可以知道有些什麼。」

對感情的拒斥主要涉及他人的感情，見之於愛和恨，這正是想與他人保持感情距離的必然結果。因為有意識地經驗到的強烈愛憎感情，只會使人與他人接近，或與他人衝突。蘇利文（Harry Sullivan）採用的「距離機制」一詞，用在這裡倒是恰當的。當然，這並不是說，在人際關係之外的範圍裡，感情是受到壓抑的，所以它便活躍在對書本、動物、自然、藝術、吃喝等的興趣中。但不能不警告一句：有可能發生這種情況。對一個富於激情的人來說，要壓制一部分感情 —— 況且還是最重要的感情 —— 是很難的，除非他把全部情感一起壓抑下去。這雖是一種推測，但下述事實卻是確實的。屬於疏離型的藝術家，在其有創造能力的期間，不僅能感受也能表現出感受，但他們常常都曾在青少年時代經歷過感情全然麻木或堅決拒斥感情的階段，正像上面所引的一段話所示那樣。一般說來，在這些藝術家建立對人的親密關係的意圖慘遭失敗後，他們不是有意地

就是無意地順應了自我孤立趨勢。就是說，他們有意無意地決定與他人保持一段距離或聽任自己陷於孤立 —— 正是在這樣的時候，他們進入了創造的時期。現在，與他人隔著一個安全的距離，他們能宣洩與人際關係無直接連繫的大量感情。這一事實便證明，早期對感情的否定對後來實現孤立是必要的。

人際關係之外的感情壓抑還有另外一個原因，其實我們在討論自立與自強時已暗示到了這種原因，任何有可能使孤立者產生依賴性的慾望、興趣或快樂，都被他看成對自己的背叛，因而加以壓制。在患者看來，似乎在允許感情流露之前，需要小心地分析局勢，以防可能損失寶貴的自由。任何對獨立的威脅都只促使他把感情的大門關得更緊。但當他發現局勢無害於他的自由時，便會欣然投入其中，梭羅著的《湖濱散記》[16] 就很好地表達了在這些狀況下可能產生的深刻感情體驗。患者心中既害怕耽於歡樂，又怕因此而自由受限，所以有時幾乎變成了禁慾主義者。但這是一種特殊的禁慾主義，其目的不是自我否定或自我折磨，我們還是稱之為自我限制更好。如果我們承認它的理論前提，那麼它並非缺乏明智。

自發的感情體驗應該在我們身上有其位置，這對保持心理的平衡有極重要的作用。比如，創造性才能是一種拯救手段。假如這種才能先受到了壓抑而無法表現，然後透過分析治療或

---

[16]　梭羅（Henry David Thoreau, 1817～1862）：美國作家，《湖濱散記》（*Walden*）一書出版於 1854 年。—— 譯注

別的體驗而被解放出來，那麼對病人將產生極良好的影響，甚至使人覺得治療中發生了奇蹟。但在估計這種治療效果時卻需要謹慎。首先，如果把產生的療效普遍化，則是錯的，它對一個疏離型患者不一定有好處。[17]甚至就是對那個患者本人而言，如果從是否改變了他的疾病症狀的基本因素來看，那麼嚴格地說這種效果還不能稱為治癒。它只提供給他一種更滿意、失調程度更輕一些的生活方式。

感情愈是被克制，病人就愈有可能強調理性的重要。他希望一切事情都能夠只憑理智思維的力量便得到解決，好像只要知道了自己的問題就足以治療自己的毛病了，或者好像單靠理性就能解決世上的一切麻煩了。

在討論了自我孤立者與他人的關係中存在的這些情況以後，有一點就很清楚了：任何親密持久的關係都必然威脅他的自我孤立，因而可以產生很壞的後果。當然，如果與他交往的人也同樣自我孤立，自願尊重他對保持距離的要求，或者，他的夥伴因為某些理由能夠且願意順應他的孤立需求，那麼又當別論。一片痴情耐心等待皮爾金歸來的索爾維格（Solveig）[18]剛好就是這樣一個理想的夥伴。索爾維格並不對他有任何要求，

---

[17]　參見丹尼爾・施奈德（Daniel Schneider）的《精神官能症類型的轉變對創造性才能和性能力的扭曲》（*The Motion of the Neurotic Pattern; Its Distortion of Creative Mastery and Sexual Power*），這是一份於 1945 年 5 月 26 日在醫學研究院宣讀的論文。——原注

[18]　《皮爾金》（*Peer Gynt*）一劇中的女主角。——譯注

她對他如有什麼要求，那將嚇壞他，就像他如果失去對自己感情的控制也會嚇壞自己一樣。可以說他不知道自己給予別人的是多麼少，而他卻以為自己已經獻出了未表達出口、未體驗過的感情，已把對自己珍貴無比的東西給予了她。只要感情距離得到足夠的保障，他能夠保持某種程度的持久的忠貞。他也許可以捲入與他人的短暫交往關係，時隱時現，這些短期關係是脆弱的，任何微弱的力量都會使他馬上退縮。

　　與異性的關係之於他，完全有如一張橋牌之於別人。只要這種關係是短暫的，不干預他的生活，他就欣賞。而且，這種關係還必須嚴格限制在專門為之劃出的時間、地點、範圍以內。另一方面，他可能對這種關係極端冷漠，根本不願哪個異性進入自己守護的「領地」。這時，他自然用完全是想像出來的關係來取代真實的關係。

　　我們所描述的這一切特殊表現，都出現於分析過程之中。自然，自我孤立者對醫生的分析大為不快，因為那的確可說是對他私生活的最大侵犯。但他也有興趣對自己做一番觀察，醫生的分析開闊了他的視野，使他看到自己內心的複雜鬥爭，因此，他對此又感到神往。他可能對自己所做的生動性的夢感到好奇，或對自己偶然的恰當性聯想感到著迷。在自己的臆斷找到證明時，他就像科學家找到了證據那樣快活。他感謝醫生的努力，希望醫生在某些地方給以他指點，但若是醫生「強迫」或

催促他走向自己未曾料到的方向，則會引起他的反感。他老是擔心分析中的暗示會帶來危險，而實際上對於他這種類型的人來說，危險性遠遠小於其他兩種類型的人，因為他早就「全副武裝」來防範外來影響了。本來，合理的自衛方法，乃是去證實心理醫生的暗示是否正確，他卻不這樣做。相反，他的作法是：凡醫生盲說的若不符合他對自己的看法或對生活的整體看法，他都必然盲目地加以拒斥，儘管表面上他做到了禮貌周全，不直接反對。他尤其感到可憎的是醫生居然要他做改變，當然他希望擺脫擾亂他的那些東西，但不能觸及他的人格。他一方面欣然觀察自己，另一方面又無意識地堅決不改。他對外來影響的藐視只是對他態度的一種解釋而已，而且這還不是最透闢的解釋。我們之後將討論其他那些解釋。所以，他自然在自己與心理醫生之間劃出了很長的一段距離。在很長的時間內，心理醫生對他只是傳過來的一個聲音。在他的夢中，他與醫生的關係可以表現為這樣一種夢境：兩個記者從相隔遙遠的不同國家相互打長途電話。乍看之下，這種夢似乎表現了他對醫生及其分析工作的疏遠感，但這只是清楚地再現於他意識中的態度。夢絕不僅是對現存感受的描繪，而是尋求解決衝突的一種努力，所以，這樣的夢自有其更深的含義。它表現了病人想讓自己不與醫生及其分析工作沾上邊的動機 —— 不讓這種分析觸及自己。

最後，我們還可以在分析過程中以及過程以外觀察到一種特點，那就是患者在面對醫生的進攻時死命防衛自己的孤立。這種現象當然也見諸所有精神官能症患者。但這一類型的患者所進行的抗拒似乎更持久，幾乎成了生死搏鬥，病人想出一切辦法來對付干預。

事實上，早在自我孤立真正受到威脅以前，這種反抗就已經暗暗地且帶有破壞性地進行著了。拒絕讓醫生的分析來干預自己，只是病人意圖的一個方面。如果心理醫生試圖使病人相信他與醫生有關，他心中有衝突在發生，那麼病人的抗拒便更巧妙、更委婉一些。病人至多會對心理醫生表現一點通情達理的看法。假如病人的無意識產生出自發的感情反應，他也絕不會任其進一步發展。總之，病人常常對人際關係分析持有根深蒂固的抵抗。病人與他人的關係一般都非常含糊曖昧，醫生通常很難得出清晰的印象。病人的這種抵制是可以理解的。他一直與他人保持著一個安全的距離，醫生談起他的問題只會使他震驚、不安。醫生如果多次提及這些問題，病人便公開懷疑醫生有什麼動機。這個心理醫生是不是要使我合群？這種方法只會引起病人的蔑視。如果後來醫生成功地使病人知道離群索居的缺陷，病人便驚恐不安、煩躁易怒，他可能意欲離開療程。在分析過程以外，他的反應更強烈。平常本來是沉靜溫和、通情達理的人，可能會因惱怒而變得僵硬冷漠，或出言不遜，因

為他覺得自己的孤傲與自由受到了威脅。病人一想到加入什麼活動或專業團體，一想到別人需要他的是參與行動而不僅僅是交納一筆會費，便真正恐慌起來。即使他不慎捲入了進去，他也會不顧一切使自己脫身出來。比起一個生命受到威脅的人，這種病人更有本事發現逃避的辦法。正如一個病人曾經說過的，假如是在愛情與自我孤立二者之中進行必居其一的選擇，他會毫不遲疑地選擇自我孤立。這又帶出了另一個特點：他不僅用一切能夠用上的方法來防衛自己的孤立，還覺得為了孤立，任何犧牲也值得。他把外在的好處和內心的價值都拋棄了，在意識上，他把任何可能干涉自我孤立的慾望都清除掉，在無意識中，他便自動地實行了對慾望的壓抑。

任何受到如此激烈捍衛的東西一定有一種巨大的主觀價值。只有在我們知道了這個道理後，我們才有希望理解孤立的運作，從而最終對患者進行治療。正如我們已看到的，在這幾種對他人的基本態度中，每一種都自有其積極的價值。在親近他人的類型裡，患者試圖為自己創造出一種與外部世界友好的關係；在抵抗他人的類型裡，他在競爭性世界中為了生存而自我武裝；在迴避他人類型裡，他企圖獲得某種清高和明澈的心境。事實上，對人的發展來說，這三種態度不僅可取而且必要。只是當它們表現在精神官能症中時才變成強迫的、僵硬的、盲目的以及相互排斥的。這就大大損地害了它們本來具有

的價值，但並沒有完全取消這種價值。

　　自我孤立的確有很大好處。意味深長的是，在所有東方世界的哲學裡，孤身獨處都被看作是達到精神的更高境界所必須的基礎。當然，我們不能將這種意願與精神官能症的孤獨混為一談。在前者，孤立是人的自願選擇，被認為是達到自我完善的最好途徑，選擇了孤獨的人如果願意的話，也有可能選擇另一種不同的生活。在後者，情況則不同，精神的衝突不是一種可以選擇的東西，而是內心的一種強迫，是患者唯一的生活方式。不過，從這當中同樣可能得到好處，雖然好處的大小取決於整個疾病進程的嚴重程度。縱然精神官能症有巨大的破壞力量，自我孤立者有可能保持某種純正誠實。當然，如果是在一個人際關係普遍良好的真誠的社會裡，這種特質算不了什麼，但在一個充滿虛偽、狡詐、妒忌、殘忍和貪婪的社會裡，弱者很容易因為自己的誠實而遭殃，與他人保持距離則有益於維護自己的特質。還有，由於精神官能症通常會剝奪心靈的平靜，自我孤立倒可以通向內心的安寧和沉靜，所做的犧牲越是大，所得到的安寧也越大。另外，假如患者在他劃定的「魔法圈」範圍內並沒有完全窒息掉自己的情感生活，那麼，他的自我孤立還會使他產生出富有獨創性的思想和感情。最後，所有這些因素，再加上他對世界的觀照和相對來說不那麼嚴重的神志錯亂，都有助於創造性才能的發展和表現 —— 如果他有這種才能

的話。我並不是說精神官能症的孤立是創造性必具的前提，而是說在精神官能症狀態下，自我孤立可以提供最好的機會以表現患者潛在的創造性能力。

　　儘管上述這些好處不容忽視，它們並不是病人頑固防衛自我孤立的主要原因。事實上，如果由於某種原因而使這些好處減少或被伴隨的攪擾所掩蓋，病人還是會堅決防衛自己的孤獨的。這一觀察方式把我們引向問題的更深處。如果孤獨者被硬拉進與他人的接觸中去，他很可能在精神上土崩瓦解，用通俗的術語來說，就是精神崩潰。我這裡使用「崩潰」這一術語自有充分理由，這個詞概括了一系列紊亂失調現象：機能紊亂、酗酒、自殺、憂鬱、工作能力喪失、精神錯亂。病人自己，有時還有精神科醫生，容易把剛好發生在「崩潰」之前的某一事件當作致病的原因。比如，無緣無故地受上司的處分、丈夫瞞著妻子私通女人並力圖遮掩醜行、妻子歇斯底里發作、一段同性戀史、在大學裡毫無名氣、養尊處優的生活宣告結束後自己面臨自謀生計的現實⋯⋯這一切因素都可能被歸為誘因。誠然，這一類事情可能與發病有關。醫生應該認真看待它們，盡量弄清某一具體事件究竟誘發出了病人的什麼毛病。但這樣遠遠不夠，因為問題還擺在那：為什麼病人受到這樣強烈的影響？為什麼他的整個心理平衡只因為一件事就給打破了，而這件事一般看來只不過是普通的挫折和意外？換言之，即使心理醫生懂

得了病人以何種形式對某一特定事件做出反應，仍還遠遠不夠，他還必須懂得為什麼這麼小的一個誘因就產生出這麼嚴重的結果。

　　要回答這個問題，我們可以指出這一事實：正如其他精神疾病傾向一樣，自我孤立只要真能得到保障並起應有的作用，患者便得到一種安全感。反過來說，如果孤立傾向被妨礙而無法發生作用，患者則產生焦慮不安。在患者還能保持與他人的距離時，他感到比較安全，而一旦因為某種緣故，他的「魔法圈」被別人踐踏而擅自侵入，則感覺受到了威脅。這樣，我們就更能夠理解，何以患者在無法維護與他人的感情距離時便驚惶失措。我們還可以再加一句：他之所以這樣害怕，是因為他沒有應付生活的其他辦法。他只能獨善其身，逃避眾人。這裡再一次表明，正是疏離症所具有的否定性質，使這一傾向顯得特殊，與其他類型大相逕庭。說更具體一點就是，自我孤立患者面對困難局勢時既做不到委屈妥協，也做不到奮起抗爭；既無法俯首合作，也無法頤指氣使；既不能愛也不能恨。他毫無自衛能力，有如一頭困獸，只有一種應付危險的辦法——逃跑和躲藏。在患者的聯想或夢中也出現過這一類相似於他的事物：他感到自己像是錫蘭叢林中的侏儒，只要藏身於樹林中他們便是不可戰勝的，但一出林子則不堪一擊。他又像是中世紀的要塞，只有一層圍牆，如果這層圍牆被攻破，則整個要塞便毫無

反抗之力了。患者的這種狀態充分解釋了他為何對生活總持有焦慮不安的態度。對這種狀態的了解，也有助於我們明白這一個道理：他把孤獨離群作為一種全面的自我防禦手段，他死死地依賴這種手段，不惜一切代價捍衛之。所有類型的精神疾病傾向說到底都是防禦性手段，但除了孤獨以外，其餘那些傾向是患者力圖以肯定的方式來應付生活的嘗試。然而，如果孤立脫群成為占優勢的傾向，患者則完全無力應付現實生活中的矛盾，結果孤獨變成只是一種純防禦手段了。

　　但患者對孤獨狀態的堅決維護還有一個更深一層的解釋。對自我孤立的威脅、對「攻破圍牆」的擔心，常常還不僅是暫時的恐懼。它可能產生的結果是：一種表現為精神錯亂的人格分裂。如果在分析過程中自我孤立狀態開始被打破，病人不僅感到隱隱的憂慮，而且會直接或間接地表現出明顯的畏懼。例如，患者害怕淹沒在變動不居的人流中，這主要是一種怕失掉了自己的獨特性的恐懼。他還害怕被可憐地置於帶有攻擊性的人的強迫和支配之下，這是他毫無防衛能力的結果。他還有第三個恐懼，就是怕精神失常，失常的可能性顯得如此大，他需要絕對確信這不會成為事實。他的這種失常並不是發瘋，也不是因為想不負責任而做出的反應。它直接表現了一種對人格被分裂的畏懼，常見於夢和聯想之中。這就意味著，要放棄他的自我孤立，就必須面對自己的衝突；這還意味著，他承受不住

這個打擊，只會像一株被雷電擊中的大樹那樣給劈成碎片──某一位病人就正是這樣想到自己的狀況的，這一斷言已為其他的觀察所證實。極端自我孤立傾向的人，對「內心衝突」這一說法有不可遏止的反感。到後來，他們會對心理醫生說，他們當時根本不知道他在說些什麼，完全不懂他所說的衝突是怎麼回事。而一旦醫生真的使他們看到了他們內心正在激烈進行的衝突，他們會以令人難以察覺的方式，以無意識的巧妙手腕迴避這個問題。如果他們還沒有做好思想上的準備，卻突然偶然地意識到一種衝突的存在，他們便感到巨大的驚恐。當後來他們在更安全的基礎上達到對衝突的認識時，便表現出更大的孤立傾向。

這樣，我們可以做出一個結論了，而初看之下這個結論肯定會顯得令人困惑不解。自我孤立是基本衝突的一個內在組成部分，但也是病人用來對付衝突保衛自己的手段。不過，只要我們把注意範圍再縮小一點，這個謎就自行解開了──自我孤立正是病人用來保護自己對付基本衝突中更為積極主動的部分。這裡，我們必須重申一句：基本態度中某一類占了優勢，並不妨礙其餘種類照樣存在並發生作用。我們在疏離型人格中比在其他兩種類型中還更清楚地看到這些相互的作用。首先，這幾種相矛盾的傾向常常可見於患者的生活史。在他明確地表現出自我孤立傾向之前，他往往常有過屈從依附的經歷和攻擊

對抗的記錄。自我孤立者的價值觀也與那兩種類型的人形成對照：那兩種類型的價值觀是清楚的、界定分明的，而他的價值觀卻充滿著矛盾。對他奉為自由獨立的東西，他是一直估價甚高的。但除此之外，他也許會在分析過程的某個時候對善良、同情、慷慨、自我犧牲等特質表示出極端的讚賞。而在另一個時候則又馬上推崇叢林哲學，信仰弱肉強食、自私自利的生活準則。他自己也有可能對這當中的矛盾感到奇怪，但他總是盡量用某種合理化作用來否認自己那些傾向的衝突性質。心理醫生要是對整個結構沒有清晰的統觀，則很容易對此感到迷惑不解。醫生可能在這個方向或那個方向上追蹤一氣，但走不多遠便會碰壁，因為病人總是躲進自我孤立中避難，把醫生的通路全都關閉了，就像人們關上了輪船上的防水隔艙。

在孤獨者的這種特殊的「抗拒」中，掩藏著一個完整而又簡單的邏輯：他不願與醫生有連結，不願作為一個人來自我認識。事實上他根本不想分析他與別人的關係，他不願正視自己的衝突。如果我們理解了他看問題的出發點，我們就會明白，他甚至根本不關心對衝突因素的分析。他的出發點是：認定自己不需要關心與他人的關係，只要自己與他人保持一個安全的距離就行了，縱然存在著關係的失調也與他無關。他確信，甚至醫生指出的衝突也可以而且不應該去管它，否則便是自尋煩惱。沒有必要去把一團亂麻理出頭緒，反正自己龜縮在自我孤立之

中。正如我們前面已說過的，這種無意識的想法邏輯上是正確的 —— 至少在一定的限度內是這樣。他所忽視並總是拒絕認識的，是他不可能在與外界隔絕的狀態中成長和發展。

這樣可知，精神官能症自我孤立的最重要功用，是使主要衝突發揮不了作用，它是患者用以對付衝突最極端、最有效的防禦手段。作為眾多製造虛幻和諧的精神疾病傾向中的一種，自我孤立試圖透過迴避而達到解決衝突的目的。但這不是真正的解決，因為患者並沒有消除掉對親近、支配、利己、出名等的強迫性渴求，這些強迫性渴求即使不造成他思維的癱瘓，也會持續地煩擾他。最後，只要繼續存在著相互矛盾的價值觀，他是絕不可能獲得內心平靜或自由的。

第六章　理想化意象

　　在討論了精神官能症患者對他人的基本態度以後，我們熟悉了患者試圖解決衝突的兩種主要方法，或者說得確切些，兩種對付衝突的辦法：一種是壓制人格中的某些方面而突出它們的對立面；另一種是在自己與他人之間保持距離以使衝突無法發生作用。這兩種方法都給病人以完整感，使他能發揮自己的各種功能，即使那是以傷害自己為代價。[19]

　　我們這裡還要描述的一種試圖，就是創造一種患者自以為其是的意象，或者是彼時彼刻他覺得他能夠或應該是的那種形象。無論是在意識中還是無意識中，這種心中的形象總是與實際相距甚遠，儘管它對患者生活的影響是很實在的。不僅如此，這種意象總是使患者自我滿足，就像《紐約客》（*The New Yorker*）的一幅木刻畫表現的那樣，一個肥胖的中年女人在鏡子裡看到的自己是一個又苗條又年輕的女性。這種意象的具體特色因人而異，取決於人格結構。有的人在這種意象中突出的是美貌，有的則是權力，或是智慧、天才、高尚、誠實。反正你

---

[19]　赫爾曼・紐恩伯格（Herman Nunberg）討論過這種對完整的追求問題，他那篇論文是〈自我的合成功能〉（*The synthetic function of the ego*），見於《國際精神分析雜誌》（*International Journal of Psychoanalysis*），1030 年。──原注

想什麼就是什麼。這種自戀的形象脫離了實際情況，卻常常使患者高傲自大。「高傲自大」這個詞儘管被當作「目中無人」的近義詞，其意思實際上是指把自己不具有或潛在地具有但事實上還沒有的特質歸為己有，所以用來形容這種人是最恰當不過的。那種意象越是不真實，患者愈是敏感脆弱，就愈貪求別人的肯定和承認。對我們確信自己具有的特質，我們是不需要他人來證實的，但如果別人對我們所聲稱而實際並不具備的特質表示懷疑，我們就會極端敏感小氣。

在思覺失調症患者肆無忌憚的自誇中，我們可以觀察到這種理想化的意象。但在精神官能症患者身上，這種意象的特性在原則上也是如此。誠然，在後者，心中的自我形象沒有前者那樣異想天開，但患者同樣認為那就是自己的真實形象。如果我們將其意象與實際狀況相差的程度作為思覺失調症與精神官能症的區別，我們就可以把這種理想化意象看作少許的思覺失調症與精神官能症相結合的產物。

從本質上說，理想化意象是一種無意識現象。儘管患者的自我誇大在一個外行的觀察者看來也是再明顯不過的，患者卻不知道他正在把自己理想化。他也不知道在這種意象中包含了多少奇怪的特點。他也許會隱約感覺到他在對自己做出很高的要求，但由於他把這種對完美的追求錯當成真實的理想本身，他也就不管它是否確實了，只是為之而自豪。

　　患者的這種創造是怎樣影響他對自己的態度呢？這因人而異，主要與他興趣的焦點有很大關係。如果精神官能症患者有意於使自己確信，他就是他的那種理想化了的形象，他會更加相信他事實上就是那個大師、那個名伶，連他的過失也變成神聖的了。[20] 如果患者注意到了真實的自己，和理想化的意象相比之下，這真實的自己就會相形見絀，顯得卑劣低下，患者便表現為自我貶責了。這樣的自我藐視產生的自我形象，與理想化意象一樣，與真實的自我有很大距離。所以，我們可以恰當地稱之為貶低的形象。最後，如果患者注意的是理想化意象與實際的自己之間的差距，那麼我們就能觀察到，他會不惜一切企圖抹去這種懸殊，盡量取得完美。有這種試圖的患者會一個勁地反覆唸著一個詞：「應該……」他不斷向我們說，他應該感受到了什麼、想到了什麼、做了什麼。他在心底深處確信自己具備生來固有的完美，就像天真的自戀者那樣。這方面的表現就是他相信只要對自己更嚴一點，把自己管得更好一點，只要他更敏銳、更精明，他實際上是能夠達到完美的。

　　與真正的理想不同，理想化意象有一種靜止的性質。它不是他必須不斷努力才能接近的目標，而是一個他頂禮膜拜的觀念。真正的理想有驅動性，它刺激人去接近它，是促進成長與發展不可缺少的寶貴力量。而理想化意象對成長卻肯定會構成

---

[20]　參見安妮・帕里什（Anne Parrish）:《跪拜》（*All Kneeling*），花園城出版公司，1939 年出版。——原注

障礙，因為它不是否認缺點就是只譴責缺點。真正的理想把人引向謙虛，理想化意象則把人引向高傲。

這一現象無論人們怎樣對它進行界定，總之，它早就被注意到了，各個歷史時代的哲學著作都提到過它。佛洛伊德將它引進了關於精神官能症的理論，給了它一系列名稱：自我理想、自戀、超我。這一現象構成阿德勒心理學的理論核心，他稱之為「爭取優越」。如果要詳細指出這些看法與我的觀點之間的異同，那麼話就太長了。[21] 簡言之，所有這些理論只關心到理想化意象的部分層面，而沒有統觀整個現象。因此，儘管佛洛伊德和阿德勒（Alfred Adler），及其他許多科學家，比如弗朗茲·亞歷山大、保羅·費登（Paul Federn）、伯納德·格魯克（Bernard Glueck）和恩斯特·瓊斯（Ernest Jones），皆做過貼切的評述和爭論，這一現象的全部意義及作用還是沒有被注意到。那麼，它的功能究竟是什麼？顯然，它滿足基本的需求。無論不同的心理學家怎樣從理論上解釋這一現象，他們有一點是一致的，即認為此現象構成了精神官能症的堡壘，難於攻克，甚至毫無辦法對付。比如佛洛伊德認為，一種根深蒂固的「自戀」態度就是治療的最大障礙。

先談談那種也許是最根本的功能：理想化意象取代了基於

[21] 可參考筆者對佛氏的自戀、超我、罪感等的批判性檢驗，見卡倫·荷妮的《精神分析新途徑》，1938年諾頓版；同時也可參見埃里希·佛洛姆的〈自私與自愛〉（Selfishness and Self-Love），載於《精神病學論文集》（Psychiatr），1939年版。——原注

現實的自信和自豪。一個最終逃不脫精神官能症的人沒有機會從一開始就建立起自信，因為他遭受的境遇完全是破壞性的。即使他還有一點自信，在精神官能症的發展過程中也日趨削弱，因為自信所賴以存在的條件總是被毀掉，這些條件並不是在短期內就能夠形成的。最重要的因素是活生生的、能發揮實際效用的感情力量，是自己認定的真實目標得以不斷發展，是有能力積極主動地在自己的生活中發揮作用。無論精神官能症如何發展，這些因素都可能被毀掉。精神經病傾向破壞行動的能力，因為患者是被驅迫的，而不是自己決定自己的行為。患者決定自己生活道路的能力持續地被削弱，原因在於他對別人的依賴，無論這種依賴採取何種形式。盲目的抗拒、盲目地企圖超群出眾、盲目地遠遠迴避與他人的接觸——這些都是依賴的不同表現形式，另外，由於他把大量感情力量壓抑了下去，他使這些感情力量陷入癱瘓。所有這些因素使他幾乎不可能發展自己的目標。最後很重要的一點是，基本衝突造成他自身的分裂。由於患者失去了根基，所以他只能將自己的作用和力量的感覺加以膨脹放大。這就解釋了理想化形象的一個必不可少的組成部分，就是確信自己具有無窮的威力。

第二個功能與第一個緊密相關。精神官能症患者在脫離外界狀態中並不感到軟弱，但懼怕這個處處有敵人的世界。他覺得別人隨時會欺騙他、貶低他、奴役他、擊敗他，所以必須時

刻提防，把自己與他人進行比較。但這不是出於虛榮和任性，而是不這樣做不行。由於在心底深處他感到虛弱、卑賤 —— 這一點我們將要討論 —— 他必須尋找出一點東西來使自己覺得比別人優秀。無論其表現為感覺自己比別人更高貴或更殘忍，還是表現為感覺自己更仁愛、大度或更尖酸刻薄，總之，他必須在自己心中感到在某方面比別人強 —— 這還不包括想超越別人的慾望。這樣一種需求主要包含了想要勝過別人的因素，因為無論是哪種結構的精神官能症，都有一種脆弱性，都總是感到被人蔑視，受到了侮辱。為了抵消屈辱感，就需要一種報復性的勝利，這種需求可能只存在並作用於患者自己的思維中。它可以是有意識的，也可以是無意識的。但它是一種內驅力，逼迫著患者去渴求優勢，使患者的這種渴求帶有特殊的色彩。[22]我們文明制度的競爭性不僅在整體方面有利於精神官能症的滋生（透過對人際關係造成的破壞），還恰恰助長了這種對優勢的追求。

我們已經看到理想化意象是怎樣取代了真實的自信和自豪的。但它還有另一種取代作用。由於患者的理想是自相矛盾的，這些理想自然沒有約束力，而它們模糊不定的特性，使患者得不到任何指導。所以，如果不是他對自己創造的偶像的追求還賦予他生活一點意義的話，他會完全感到生活漫無目的，

---

[22]　參見本書第十二章：「虐待狂傾向」。—— 原注

這在分析的過程中變得尤其明顯。他的理想化意象只會暗中毀損他的自信，使他在一段時間內感到徹底完了。只是在這個時候，他才意識到自己理想的混亂，從而開始感到這種混亂的理想並不可取。

在這之前，整個問題並未引起他的注意，也不被他所理解，儘管他口頭上表示看重。現在，他第一次意識到理想是有真實意義的，於是便想弄清楚他自己的理想實際上是什麼。所以我認為，患者的這種體驗證明了理想化意象對真實理想的取代。對這一功能的理解有臨床治療的意義。心理醫生在治療早期可以向病人指出他價值觀中的矛盾。但他無法指望病人會對這一問題顯示出積極的興趣，所以還不能著手解決病人的價值觀矛盾，必須等到病人已能夠放棄他的理想化意象時才可以。

在這種理想化意象的各種功能中，主要有一種特定的功能，造成了理想化意象僵死不變的特徵。如果我們私下總把自己看成十全十美的神，那麼我們最明顯的過失與缺陷也會隱而不見，甚至變成優點——這就像在一幅出色的繪畫裡，一堵斷垣殘壁也不再顯得破敗不堪，反而會變成一種褐色、灰色與紅色的優美配合。

如果我們提出如下的一個簡單問題，我們還能夠對防禦性功能作更深一層的理解。這個問題就是：一個人會把什麼當成他的缺點和過錯呢？這類問題初看之下並沒有明確的答案，因

為有無窮多的可能回答。然而，的確有一個很具體的回答。一個人會把什麼東西看作自己的缺點和過錯，取決於他自己接受什麼和拒絕什麼。然而，在類似的文化條件下，基本衝突的哪一方面占了上風，這才是決定因素。例如，順從型並不把自己的恐懼和軟弱看成缺點，而攻擊型卻會把這類感情當作是可恥的，應該掩藏起來不讓別人和自己看見。順從型將自己帶有敵意的攻擊傾向看成是大過，攻擊型則將自己的溫和舉動看成是可鄙的軟弱。還有，每一種類型都情不自禁地否認這樣一個事實：他的優點只是徒有虛名。比如，順從型並非真的充滿仁愛和大度，但順從型患者對此必然加以否認；疏離型患者並非自己自由地選擇了孤獨，而是因為他無法應付他人，但患者對此也矢口否認。通常，這兩種類型的人都拒斥虐待狂傾向（後面將要討論此點）。這樣，我們就能得出結論：被患者認為是缺點並加以拒斥的東西，就是那些與對他人的主要態度不相協調的東西。我們可以說，理想化意象的防禦功能就是去否認衝突的存在，這就是為什麼那種意象絕對靜止不變。在我意識到這點之前，我常常奇怪，要病人相信他並沒有自以為的那麼了不起、那麼出眾，為什麼竟是那樣地艱難。但現在從這個角度來看，就一目了然了。病人無法退讓分毫，因為承認了自己的某一缺點，就會使他與自己的衝突發生對峙，從而威脅到他一手建立的虛假和諧。所以，我們還可以發現一種明確的相互關係，即衝突的強度與理想化意象僵硬程度之間的關係。越是複雜而刻

板的理想化意象，越是暗示著嚴重的衝突。

　　除了上面已經指出的四種功能，理想化意象還有第五個功能，它也與基本衝突有關。理想化意象不僅用來掩蓋令人難以接受的衝突，還有一個更明確的用處。它體現了患者的一種藝術性創造，使對立物顯得協調了，或至少在患者本人眼中不再像是衝突了。

　　僅舉幾例就可以看出其中的緣由。為了簡明扼要，我只說出存在的衝突以及它怎樣出現在理想化意象中。在某人的內心衝突中，占主導地位的方面是屈從傾向——他極端渴求友愛和贊同，需要關心照顧，想變得富於同情、慷慨，希望處處謹慎周到，仁愛為懷。此人占第二位的衝突方面是自我孤立傾向，一貫厭惡合群、強調獨立、畏懼連繫、擔心強迫。他的孤獨傾向不斷與對親近的渴求相衝突，結果反覆造成他與女性的關係失調。另外，他還有明顯的攻擊性傾向，這表現為對他人的間接支配和偶爾的直接利用，以及對干預的反感。自然，這些傾向大大傷害了他求愛與交友的能力，並與他的孤獨傾向相矛盾。由於他不知道這些內驅力的存在，他便製造了一個理想化的形象，它由三個角色組成：首先，他自認是最富於愛心和友情的人，不相信有哪個女人對男人的愛能超過他對人的愛，也沒有誰比他更善良仁愛。其次，他自認為是他那個時代最有支配能力的人，是人人敬畏的政治領袖人物。最後，他還覺得自

己是偉大的哲學家，是大賢大智的稀世奇才，能洞察生活的意義和生存的終極價值。

　　這樣構成的一個理想化意象全然不是胡思亂想。患者在所有這些方面都有雄厚的潛力，但他把潛在可能性無限抬高成已經實現的東西，變成不可一世、非我莫屬的成就。不僅如此，內驅力的強迫性被遮蔽了，取而代之的，是病人相信自己有天賦的才能和氣質。這樣，本來是對溫情與贊同的精神渴求，卻被他認為是愛的能力；本來是想出人頭地，卻被看成是天生高人一等；本來是自我孤立，卻被當作獨立不羈。最後，很重要的是，他的衝突是以如下方式給「消除」的：那些實際上相互干擾妨礙他實現自己潛在可能性的驅力，被他抬高進入抽象的完美之中，在他眼中變成一個豐富人格的幾個相互協調的方面，它們所代表的基本衝突的三個方面被孤立在構成他理想化意象的三個角色中。

　　把衝突因素孤立出來的重要性，透過另一個例子能得到更清楚的解釋。[23] 有一個人的主要傾向是自我孤立，這種傾向還很嚴重，帶有我們前面提到過的各種特性。他也有十分明顯的

---

[23]　羅伯特·路易斯·史蒂文生 (Robert Louis Stevenson) 對雙重人格有過經典性的描述。他創作的《化身博士》，其主要思想是建立在一種可能性上，即有可能將人的衝突因素分隔出來。書中，傑奇 (Jekyll) 醫生在意識到他自己身上善與惡的巨大對峙後說：「很久以來……我就有一個可愛的夢想，就是把這些矛盾的因素分離開來。我想，假如能夠把自己每一種特性寓於不同的本體中，生活中一切令人難以忍受的東西就會消失了。」──原注

屈從傾向，當然他對此視而不見，因為那太與他的獨立要求相矛盾了。他又想變得極其優秀，這種努力偶爾會掙破壓抑的外殼。此外，在他的意識中還渴求親近人，這又不斷與他的孤獨需求相衝突。他只能在自己的想像中變得咄咄逼人，冷酷殘忍：他幻想著大規模的毀滅，恨不得能殺死所有那些干預他生活的人。他直言不諱地宣稱自己篤信叢林哲學，認為強權即真理，自私自利是天經地義的事，那種生活方式才是明智的、不虛偽的。然而，在他的實際生活中，卻處處膽小怕事，只在某種情況下才顯露出他強硬的一面。

他的理想化意象由如下奇特的角色組成：在多數時間裡，他是獨居山中的隱士，睿智早已達到超凡入聖的境界；偶爾，他又變為一條人狼，完全沒有絲毫人性，一心嗜血。好像這兩種無法調和的角色還不夠，他也是最好的友人和戀人。

在這個例子裡，我們看到同樣的對精神疾病傾向的否認、同樣的自我誇大、同樣的將潛在性當作已成事實的謬誤。只是，本例中沒有企圖調和衝突的嘗試，矛盾原封未動。但是，和真實生活相比，這些傾向倒顯得又真又純了。因為它們相互隔離，所以互不干擾，而這似乎正是病人求之不得的，衝突「消失」了。

最後再舉一個更具完整性的理想化意象的例子。某人在實際生活中的行為表現為攻擊型，並伴隨有虐待狂傾向。他總是

盛氣凌人，苛求於人，征服一切的雄心驅迫著他無情地向前推進。他善於出謀劃策，有組織能力、反抗能力，並有意識地奉行一種不折不扣的叢林哲學。這個人也非常孤獨離群，但由於他的攻擊性內驅力使他無法擺脫與別人的連繫，他總是無法保持離群的狀態。不過，他嚴密地提防著不捲入和任何個人的直接關係中，也不喜歡人多的場合。他很成功地做到了這一點，因為對他人的肯定性感情早已被深深地壓抑了，而對他親近關係的渴求也主要只透過性的方式表現出來。然而，他還是明顯地有屈從的傾向，也想得到贊同認可，但這種需求又干預了他對權力的追求。另外，他暗暗還有一些道德標準——當然主要用來鉗制他人，但既然如此，也就情不自禁地運用於自身了。這些標準自然與他的弱肉強食哲學水火不容。

在他的理想化意象中，他是身著閃光甲胄的勇士，眼明耳聰，無畏地追求著正義。正如明智的權力人物所應該做的那樣，他並不結交特別親密的私人朋友，但卻賞罰分明，辦事公正。他誠實而不偽善，女人們愛他，他也是出色的情人，但絕不把自己牢繫在一個女人身上。在這裡，就像在別的例子中一樣，患者達到了同樣的目的：把基本衝突的因素混合在了一起。

由此可見，理想化意象是一種解決基本衝突的試圖，它至少和前面說過的試圖同樣重要。它有巨大的主觀價值，可以用作障眼法，可以把被分裂的人格歸集在一起。雖然它只存在於

患者心目中，卻對他與別人的關係發生決定性影響。

　　理想化意象可以被稱為一種虛構的、幻想的自我。但這樣只說出了一半真理，所以容易使人誤解。在構思這種理想化意象時，患者憑主觀願望構想。這是一個顯著特點，尤其是我們考慮到患者在其餘方面都是通情達理以現實為據的。但這個特點並不使理想化意象變成純虛構，這種想像的形象中交織著很現實的因素，而且也正因為這些現實因素的作用才產生了這一想像，這種理想化意象通常包含著患者的真正理想成分。儘管輝煌的成就純屬幻想，掩藏其下的潛在性卻常常是實有其事的。更有可能的是，這種理想化意象產生於內心的真實需求，能發揮真實的功能，對患者有實在的影響。它的產生決定於某些明確的規律，所以我們認識了它的特定表現，就能夠精確地推斷出患者的真正性格組成。

　　但是，無論這種理想化意象有多少異想天開的成分，精神官能症患者本人卻覺得它是真實的。他越是執著地構思著這一形象，他就越覺得自己就是那形象，而同時他真正的自我卻相應被塗抹掉了。這種黑白顛倒的產生，正是因為理想化意象的作用。這些作用全都旨在抹煞真實的人格而突出理想化的自我。只要回顧一下許多病人的歷史，我們就會相信，這種對個人的理想化，實在是相當於救了病人的命。這也解釋了為什麼這種理想化意象受到攻擊時，病人的反抗是完全有理的或至少

合乎邏輯的。只要他感覺那是真的，完好無損的，他就感到自己非同一般、高人一等、和諧一致，儘管這些感覺完全是幻覺。由於他自以為高明，他便認為自己有權強求和索取。但假如他允許別人打破他的理想化意象，他便立刻面臨危險，那就是：他將面對自己的軟弱，看到自己根本沒有資格有何要求，自己結果並沒有什麼了不起，甚至在自己眼裡看來也是不足掛齒的。更可怕的是，他面對自己的衝突產生了一種要被分裂的巨大恐懼。他聽人們說，他的這種處境便是他變成優秀人物的良機，這些矛盾感受比他的理想化意象更寶貴得多，但在很長時間內這對他也毫無意義。這是一種令他害怕的黑暗中跳躍。

　　理想化意象既然有如此巨大的主觀意義值得我們讚美，要不是它總是有弊端，它也許是不可摧毀的。首先，這形象之屋的根基就是岌岌可危的，因為它幾乎是虛構的。這座裝滿寶物的房子裡藏有炸藥，從而使患者實際上非常脆弱，不堪一擊。只要外界對他稍作質疑或批評，只要他意識到他遠不是那個理想的意象，只要他窺見到內心相互衝突的力量的作用，他的這個藏寶的屋子就會爆炸而坍塌。患者只有限制自己的生活才能避免遭此危險：他盡量迴避得不到別人讚美和嘉獎的事情，他必須逃避沒有絕對把握的任務，他甚至會形成一種對所有實際努力的反感。他認為，對他這樣天資優厚的人來說，只要想到有可能完成一幅繪畫，便算是已完成了一幅傑作。只有庸人才

依靠實際努力達到目標。要他像隨便一個普通人那樣出死力，無異於承認自己是凡夫俗子，簡直是一大恥辱。由於實際上任何成就都有賴於努力，他的這種態度正好使他非取得不可的目標更遙遠不可及。從而，他理想的自我和真實的自我之間的懸殊變得更大。

他不斷地期待別人對他的肯定，這包括要求別人的贊同、讚美、吹捧等，然而這些只能給他暫時的安慰。他可能無意識地憎恨任何一個較為突出的人物，或在某一方面強於他的人，比如更有主見、更善處世、更有知識等，因為這種人威脅著他對自己的評價。他越是執著於他的自我理想化意象，他的這種憎恨便越強烈。或者，如果他本人的傲氣被壓抑了下去，他就可能盲目崇拜那些公然宣稱自己的重要性並表現出盛氣凌人舉動的人。他愛的是在他們身上看到的他自己的理想化意象，但是他遲早必發現自己崇敬的那些神原來只是為了他們自己，他們只關心他在他們腳下燒了多少支香。那時，他又不可避免地陷入深深的失望之中。

也許，把自我理想化而產生的最糟糕的問題，是由此而出現的對自我的疏遠。我們壓抑或窒息自己的重要組成部分，必然會變得與自己疏遠起來，這種變化是在精神官能症的發展過程中逐漸產生的，而精神官能症雖然自有其基本的特性，卻是在不知不覺中形成的。患者完全忘記了他真正感受、喜愛、拒

斥、相信的是什麼。一句話，忘記了他真實的自我，他不知道
自己正在根據理想化意象生活。巴里 [24] 的小說《湯姆和格里澤
爾》（*Tommy and Grizel*）中，湯姆的例子就比任何臨床描述更好
地闡述這種現象。自然，病人這種行為不可能不使他被自己無
意識的託詞和合理化作用組成的「蜘蛛網」纏繞而一籌莫展。患
者失去對生活的興趣，因為生活者並非他自己；他做不出任何
決定，因為不知道他真正想要什麼；如果出現了困難和麻煩，
他才會一下如夢初醒，這也正是他的自我一直處於異化狀態的
鮮明表現。要理解這種狀態，我們必須意識到遮蔽內心的那一
層虛幻必然會擴展到外部世界。有一個病人最近的一句話概括
了整個情形：「要不是這真實世界的干擾，我本來好過多了。」

　　最後，雖然理想化意象的創造是為了除掉基本衝突，而且在
有限的範圍內可說是達到了這一目的，但同時它又在人格中造成
新的裂隙，其危險性更勝過以前。粗略地說，一個人把自己構思
成理想的那種形象，是因為他無法容忍自己的真實形象，理想化
意象顯然是用來抵消他可憎的真實形象的。但是，把自己抬得那
麼高以後，他便無法容忍真實的自我，甚而這還會引起他的惱怒
和自我鄙視，並且因為自己達不到那種要求而煩燥不安。於是他
動搖於自我欣賞和自我歧視之間，理想化自我與真實的自我使他
左右為難，找不到一個堅固可靠的中間地帶。

---

[24]　巴里（J. M. Barrie, 1860-1937）：英國作家。—— 譯注

　　由此，便發生了新的衝突，衝突一方是他強迫性的、相互矛盾的試圖，另一方是內心失調所具有的內在專斷性質。他對這種內在專斷性所做出的反應，恰似一個人對政治上的獨裁所做的反應。他可能將自己認同於這種內心的決策者，即是說，感到自己真像是內心告訴他的那麼了不起；或者，他會小心翼翼以便達到那個標準；或者，他會抗拒這種內心的逼迫，拒絕承擔內心強加於他的義務。假如他以第一種方式做出反應，我們便得到一個表白為「自戀」者，一個絕不接受批評的人，他實際存在的裂隙並不為自己的意識所察覺。假如他是第二種方式，我們便看到一個表現為完人的類型，即佛洛伊德所說的超我型。在第三種方式中，患者表現為拒絕對人對事擔負任何責任，他容易顯得古怪反常，對人對事一概否定。我是故意用「表現為」這個詞的，因為無論他的反應是哪一種，從根本上說來他一直是在勉強地掙扎。甚至就是那種平時總自認為「自由」的反抗型患者，也試圖推翻強加於己的這種標準。他也用這種標準去衡量他人，這只證明他還受制於自己的理想化意象。[25]有時，患者一會變成這個極端，一會又走向那個極端。比如，他可能在某個時期內想當大好人，但從中沒有得到什麼安慰，便又一個大轉彎走向其反面，堅決反對這種「好」的標準。或者，他會從極度的自我崇拜一下轉到追求完美，我們更經常看到這些態度的結合。這一切都指向一個事實 —— 用我們的理論不難理解

[25]　參見本書第十二章：「虐待狂傾向」。 —— 原注

這種事實 —— 那就是：這些試圖中沒有哪一種是令患者滿意的，它們最終只會帶來失敗，它們應該被看作是患者為擺脫難以忍受的處境而採用的手段。在任何困境中我們都會見到極為不同的應付手段，這一種不行，便用那一種。

所有這些試圖共同形成了阻止正常發展的強大障礙。患者無法從錯誤中吸取教訓，因為他看不見自己的錯誤。儘管他自認為取得了成功，他最終還是會對自己的成長失去興趣。在他談到成長時，心裡只是有一種無意識的想法 —— 創造出一個更完美的理想化的自我意象，一個沒有缺陷的形象。

因此，治療的任務就是要使患者意識到他的理想化意象的詳細情況，幫助他逐漸意識到它的功能及主觀價值，使他看到它必然帶給他的苦惱，然後患者會開始捫心自問他那樣做是不是代價太高。但要他斷然放棄那種理想化意象，只能是在創造這意象的各種需求大大減少以後。

第七章　外化作用

我們已經看到，精神官能症患者為了縮小他理想化自我與真實自我之間的差距而採用的所有華而不實的辦法，最終只是更加擴大了這種差距。但由於理想化的意象有如此巨大的主觀價值，他必須想方設法使自己能接受它。為了做到這一點，他有許多方式，其中大都將於下一章討論，我們這裡只考察一種不大為人所知，但對精神官能症結構的影響卻是格外嚴重的方式。

這種方式我稱為外化作用，它是這樣一種傾向：患者將內在的過程感受成好像是發生在自身之外，於是便認為是這些外在因素導致了自己的麻煩。與理想化行為相同的是，外化傾向的目的也是迴避真實的自我。但不同的是，理想化行為對真實人格的再加工總還停留在自我的疆域以內，而外化傾向意味著完全拋棄自我。簡言之，患者可以在他的理想化意象中求得逃避基本衝突的庇護所，但是，當真實的自我與理想化自我的差別太大，精神的張力再也無法承受時，他便再無法從自己得到什麼依靠，於是，唯一能做到的就是逃離自我，把每一事物都看成發自外部。

　　這種現象有一部分屬於投射行為，即所謂個人問題的物件化。[26] 人們一般用投射作用來描述這樣一種行為：自己身上有為自己討厭的那些傾向或特質，卻把它看成是別人身上的東西。比如自己有背叛、野心、支配、自大、卑微等傾向，便懷疑別人有這類傾向。在這個意義上，投射作用這一術語用得完全正確。然而，外化作用是一種更複雜的現象，罪責的推卸只是一個方面。患者不僅把過失當作是別人的，甚至在一定程度上把自己所有的感受都當成是別人的。一個有外化傾向的人，會對弱小國家的被壓迫者深感不安，但無法意識到自己感受的壓迫。他可能感受不到自己的失望，但對別人的失望卻深有體會。在這方面尤其重要的是他意識不到自己對他人的態度。比如，他會感到某人對他的怒意，而實際上他是自己對自己發怒。或者他感到對別人的怒意，而實際上他是對自己的惱怒。不僅如此，他會把自己的壞脾氣或好心情、失敗或成功都歸咎於外在因素。他把挫折看成命定，把成功看成是天成，連心緒的好壞也是天氣的緣故。

　　當一個人感到他的生活無論好壞皆取決於他人時，他自然一心想改變他人、改造他人、懲罰他人、影響他人，或保護自己不受他人的干涉。這樣，外化作用導致對他人的依賴──當然很不同於對溫情的病態渴求所造成的依賴性。同時，它還導

[26]　這一定義是史崔克（Edward Strecker）和阿佩爾（Kenneth Appel）採用的，見《發現我們自己》（*Discovering Ourselves*），1943 年，麥克米倫版。──原注

致對外在條件的過度依賴。他住在城市還是住在鄉下、吃這種
食物或是那種食物、早睡還是晚睡、是這個組織的成員還是屬
於那個團體——這些都變得異乎尋常的重要了。這樣，他獲得
了榮格稱之為外向的那種特性。但榮格把外向看作氣質傾向的
片面發展，而我卻認為這是患者企圖用外化作用消除衝突。

外化作用的另一個不可避免的產物是，患者痛苦地意識到
一種空虛和淺薄，但這種感受又一次放錯了位置。他不是感受
到感情的空虛，卻是體驗為肚腸的空虛，於是迫使自己多吃來
驅除那種空虛的感覺。或者，他害怕自己體重不足會使自己像
羽毛一樣被風吹得立不住腳，狂風一來，便會被捲走。他甚至
會說，如果他的每一件事都被分析，那麼他將什麼也不是，只
是一副空的軀殼。患者的外化傾向越是嚴重，他就越像只是一
片影子，隨時可能漂浮不定。

上述這些就是外化過程的內涵，現在讓我們看看它是怎樣
有助於緩解自我與理想化意象之間的矛盾的。無論患者是怎樣
有意識地看待自己，這兩者之間的分歧總留下無意識的傷痕。
患者越是成功地將自己認同於理想化意象，他的上述表現就越
是無意識的。最常見的是，患者表現出自我鄙夷和對自己的憤
怒，並感到壓迫，這些感覺不僅使他非常痛苦，還以不同的方
式剝奪了他生活的能力。

自我鄙夷的外化傾向表現形式可以是藐視他人，也可以是

感到被他人藐視，通常兩者並存。至於哪一方面更嚴重，或
至少更有意識，這就基於精神官能症的整個結構形式。患者越
具有攻擊性，越感到自己正確優秀，便越容易藐視他人，越不
會認為受到了藐視；相反，他越具有屈從傾向，他因未能達到
理想標準而產生的自責便越容易使他覺得自己一無是處。最後
這種感覺具有特別大的危害性，它使人變得膽小、矯揉造作、
自我封閉。它使人得到一點點溫情或好感也感恩戴德，幾乎到
了卑微可鄙的地步。同時，對真誠的友誼他一點也無法接受，
卻昏然地將它當作投錯了人的慈善舉動。他在盛氣十足者面前
感到毫無自衛能力，因為他自身就有一部分與他們一致，他認
為自己受鄙視是理所當然的。很自然，這些反應滋養著不滿情
緒，如果這種不滿受到壓抑並累積起來，勢必產生爆炸的能量。

　　儘管如此，透過外化形式體驗自我鄙夷有一個特別的主觀
價值。要患者感受到他的自我藐視，只會摧毀他僅有的假自
信，把他推到崩潰的邊緣。相反地，儘管受人鄙視是痛苦的，
但患者覺得總有希望改變別人的態度，總有可能以德報怨，或
總可以在心中暗地裡認為別人不公。而如果是自己瞧不起自
己，連這一切都得不到，沒有任何可以求助的餘地，患者無意
識中感覺到的自己的無望狀態會明顯地突現出來。他不僅會開
始藐視自己的弱點，還會感到自己簡直是卑鄙可恥，毫無可取
之處，他的優點也因此被打入自卑感的深淵。換言之，他會覺

得自己就是自己最鄙視的那種形象，他會把這看成不變的事實，覺得完全絕望。這就提出了治療過程中醫生應加以留意的一個問題，即最好不要觸動病人的自卑感，等到病人的絕望感已減弱，並且不再死抱他的理想化意象不放時，再著手這方面的工作。只有在那個時候，病人才能面對他的自卑，開始意識到他的卑微並不是客觀事實，而是自己的主觀感受，產生於自己高不可攀的標準。在對自己更寬厚一點以後，他會明白這種情形並非無法改變，明白自己厭惡的那些特質並非真正可鄙，而只是他最終能夠克服的困難。

　　我們只有牢牢記住，維持那種自己就是理想化意象的幻覺對病人有多麼重要的作用，我們才能理解他對自己的惱怒或這種怒意何以如此嚴重。他不僅對自己沒有能力達到理想而感到頹喪失望，甚至還對自己怒不可遏，這一事實的出現是因為他總是賦予理想化意象以萬能的屬性。不管他在童年的時代碰上多大的坎坷周折，自以為萬能的他，總是應該有能力排除一切障礙的。現在他透過理智意識到甚至他也無力獲得相互衝突的目標時，這種惱怒便達到了高潮。這就是為什麼一旦他突然意識到衝突，便立即感到刺心疼痛的原因。

　　對自我的惱怒是以三種主要方式實現外化的。當患者毫無節制地發洩不滿時，就將怒意發洩到自身之外。這樣，它變成對他人的怒意，不是表現為對事事不順眼的憤怒，就是表現為

對他人具體過失的憤怒，而實際上這正是因為患者恨自己有那種過失。舉例說明也許更清楚：一個女性患者抱怨她丈夫辦事猶豫不決，但涉及的事卻無足輕重，她的那種怒不可遏顯然不正常。我知道她自己就有猶豫不決的毛病，所以暗示性地告訴她，她這種抱怨恰好暴露了她在毫不留情地譴責她自己身上的這種毛病。聽我這樣一語道破，她突然發瘋似的怒火中燒，恨不得把自己扯成碎塊。事實上，她在自我理想化意象中是一個堅強果斷的人，所以她根本無法容忍自己身上的弱點。很帶有她性格特點的是，她這種幾乎是戲劇性的舉動，在下一次與我談話時被徹底遺忘了。剎那間她已經瞥見了她的外化傾向，不過還談不上就此「回頭是岸」。

　　自我惱怒的第二種外化形式，表現為患者在有意識與無意識中不斷感到恐懼，或隨時擔心連自己也無法容忍的過失會激怒他人。患者會確信自己的某種行為肯定會招致敵意，以至於如果他人沒有敵意反應，他倒真正會覺得奇怪。又比如，某位病人的理想是想當一個像雨果（Victor Hugo）的《悲慘世界》（*Les Misérables*）中的那位主教一樣的大善人。她很驚愕地發現，每當她表現強硬或發怒時，人們更喜歡她，而對她聖人似的表現倒並不欣賞。我們很容易從這種自我理想化意象中猜到，患者的主要傾向是屈從。屈從產生於她想親近他人的渴望，而她對敵意的期待又大大增強了屈從的傾向。實際上，更嚴重的屈從

正是這種外化作用的主要結果之一，並顯示精神疾病傾向是如何不斷地藉由惡性循環而相互增強。在這一病例中強迫性屈從傾向得以增強，是因為聖人的理想化意象實際上驅迫患者進一步自我抹殺。由此而產生的敵意衝動自然把怒意宣洩於自我，而怒意的外化既導致她更加畏懼他人，又反過來加重她的屈從傾向。

怒意的外化作用第三種方式，是把注意力專注於身體的不適。當患者不知道這是在對自己發怒時，便只感到相當嚴重的身體緊張狀態，這可表現為腸胃失調、頭痛、倦怠等。然而，只要他有意識地感受到這種自我惱怒，所有這些症狀便立即消失。這一點也頗能說明問題。人們甚至可以懷疑，究竟應該稱呼這些生理表現為外化作用，還是應該稱之為由壓抑憤怒而產生的生理性結果，但我們不可忽視病人對這些表現的利用。一般說來，他們總是迫不及待地把精神毛病歸咎於身體的不適，從而又認為是外因引起的不適。他們總煞有介事地證明，他們精神上沒有出問題，只是因為飲食不當而引起了腸胃失調，或因為過度勞累引起了疲乏，或潮溼空氣引起了關節炎，等等。

透過對怒意的外化作用，患者有何收益呢？它可說是與自我鄙夷達到的目的一樣。不過，有一點值得一提，除非我們意識到患者的這些自我破壞衝動的真正危險，否則我們無法充分理解他的病情會嚴重到什麼程度。剛才提到的第一例中的病人

只是在短暫的時間內有過把自己砸碎的念頭，但精神錯亂者會
真的發展到把自己砍傷至殘的地步。[27] 如果不是由於外化作用
的緣故，很有可能會發生更多的自殺病例。所以，可以理解的
是，由於佛洛伊德發現自我毀滅衝動的能量，才提出了一種死
亡本能的說法 —— 可惜這一概念阻礙了他真正理解自我毀滅行
為，從而阻礙了有效治療的途徑。

　　內心壓迫感的強度取決於理想化意象的權威對患者人格的
鉗制程度，不管如何高估這種壓力作用也不為過。它比來自
外部的壓力更可怕，因為外部壓力至少允許患者保留內心的自
由。病人大多不知道這種壓迫感，但每當這種壓迫感一消除，
病人便如釋重負，好像重獲自由，可見這種壓制的力量之大。
患者可以透過對他人施加壓力而使自身所受的壓力外化，這樣
的效果在表面上非常相似於對支配地位的渴求，但兩者區別於：
內心壓力的外化，並不主要是要求別人服從。它主要還在於把
使自己所苦惱的標準強加於他人，而不考慮這樣會不會使別人
痛苦。那種清教徒心理正是眾所周知的一個例子。

　　還有一個同樣重要的外化形式，表現為患者對外部世界中
任何稍稍類似於束縛的東西都極度敏感。正如所有觀察者都知
道的，這種過度敏感是常見的，這種敏感並不是完全源於自我

<hr>

[27]　梅寧哲（Karl Menninger）對這一點進行了大量舉例說明，請參見他的《生之掙扎：
　　　破壞自己的人》（*Man Against Himself*），1938 年，布拉斯版。不過，梅寧哲是從
　　　一種與我完全不同的角度來討論這一現象的。他依循佛洛伊德的學說，認為人有
　　　一種自我毀滅的本能。—— 原注

強加的壓迫。通常有這樣一種因素，即患者在別人身上看到自己的那種對支配地位的偏好，因而忌恨不已。在疏離型人格中我們首先想到的是患者強迫性地捍衛他的獨立，這種舉動必然使他對任何外在壓力都很敏感。患者把自己無意識中自我強加的束縛外化，這是一種掩藏得更深的病因，常常更容易被心理醫生忽視。這是特別令人遺憾的，因為自我束縛的外化作用常常構成病人與醫生關係中的一股頗有影響力的暗流。即使醫生已經分析了造成他敏感的較為明顯的原因，病人還是可能拒絕理睬醫生的建議。在這種局勢中所發生的帶破壞性的較量會更為激烈，因為心理醫生實際上就是想使病人發生改變，儘管他老實告訴病人，自己只是想幫助他們去進行自我矯正，去發掘他們自己的內心之泉，但這種申明毫無用處。病人會不會受制於醫生偶爾施予的影響呢？事實上，由於病人不知道自己真正所是，也就可能無法判斷應該接受什麼，應該拒絕什麼。儘管醫生盡量小心不向病人強加自己的觀念，但仍然還是無濟於事。由於病人也不知道自己是因為苦於內在的束縛才表現出特定的症狀，所以他只能皂白不分地一股腦反對外界任何改變他的意圖。無庸諱言，醫生的挫折不僅見於分析過程當中，只要自我強加的標準緊緊地鉗住患者不放，就必然在一定程度上決定醫生的失敗。最終把作祟的「鬼」擊敗的，是對患者進行這種內心活動過程的分析工作。

　　使問題複雜化的是，患者越是屈從於他的理想化意象對他的苛刻要求，他便越把這種屈從外化。他會急於做到心理醫生 —— 或者別的什麼人 —— 所期望於他的，或他自以為是他們期望於他的一切。他會表現得柔順可欺，但同時又不斷累積著對此「束縛」的怨憤，結果他最終會認為每個人都處於支配他的地位，因而變得怨恨一切。

　　那麼，一個人把內心的束縛外化，能得到什麼好處呢？這是因為，只要他相信壓力來自外部，他就能夠奮起反抗，即使只是做一種思想上的保留。同樣，既然認為限制是外在強加的，自己就能設法避免，可以維持一種自由的幻覺。但是有意義的是上面所提到的因素：承認內心的束縛就等於承認自己不是那種理想化意象，從而引出許多麻煩。

　　這種內心壓力是否表現以及在何種程度上表現為生理症狀，倒是個有趣的問題。我個人的印象是，它與哮喘、高血壓、便祕有關，但我這方面的經驗甚少。

　　剩下的問題是討論各種各樣被患者加以外化的屬性，這些屬性與患者的理想化意象形成了對照。大致說來，這些屬性的外化是透過投射而實現的。即是說，患者覺得是他人的屬性，或覺得是因為他人自己才有此屬性，這兩種表現不一定同時出現。在下面所舉的例子裡，我們必須重複一些已經提到過的事情，有些事也是眾所周知的，但這些實例將幫助我們對投射的

意義有更深入的理解。

　　某 A 是好酒貪杯之徒，抱怨他的情人對他關心體貼不夠。就我所知，這種抱怨是無法成立的，情況至少不是像某 A 所認為的那麼嚴重。某 A 本人具有旁觀者一看便知的衝突性格：一方面他屈從遷就，脾氣溫和，寬宏大度；另一方面，又氣勢逼人，發號施令，待人苛刻。於是，這就發生了攻擊傾向的投射現象。但他這投射有何必要？在他的理想化意象中，攻擊傾向只是強力人格的自然成分，不過，這一理想意象中最突出的特質是善良——他認為自聖法蘭西斯[28]以來還沒有哪一個人比他更有德行，自己是人們第二個理想的朋友。這種投射是不是為了鞏固理想化意象？當然是的。但這種投射也保證了他實現自己的攻擊傾向而又無需意識到這點，從而避免了面對衝突。這裡，我們看到一個處於進退維谷的人。他無法摒棄自己的攻擊傾向，因為它是強迫性的，他是身不由己的；但他也無法放棄理想化意象，因為它保障他不致分裂，投射作用便是無路中之路。於是，這種投射作用代表了一種無意識的二重性：它既保證了他的攻擊性傾向，也維持了一個理想朋友的必需特質。

　　這個病人還懷疑他的情人對他不忠，這是毫無根據的懷疑——她對他的愛幾乎帶有母愛的色彩。事實上，他自己倒有偷情弄奸的嗜好，只是祕而不宣。這裡，我們可以認為是因為

---

[28]　聖法蘭西斯 (St. Francis)：義大利聖方濟會創始人，德行出眾。——譯注

他以己度人而產生了一種報復性畏懼，所以他必然需要找到理由為自我辯護。我們即使考慮到一種可能的同性戀傾向，也還無助於說明問題，問題的線索還是在他對自己的不忠所持的特殊態度。他自己的偷情並不是被遺忘了，只是不存留在意識表面。那些體驗不再是活生生的印象，相反，情人的所謂不忠，他倒是銘記於心。這裡發生的便是他自身體驗的外化，其作用和前面所說的例子一樣，都是使他既可以維持理想化意象，又可以為所欲為。

政治團體以及各種行業之間的權力鬥爭，可以作為第二個例子。勾心鬥角常常出於有意識的削弱對手、鞏固自己的企圖，但也可能產生於一種無意識的、類似上面所例舉的那種兩難心境。如果是這樣的話，那麼，這種爭奪優勢的行為也就是無意識二重性的一種表現形式，它使得我們既可在爭鬥中運用陰謀詭計，又不擔心我們的理想化形象受到了玷汙。而同時它又給我們提供了一個絕妙的方法，可以將對自己的惱怒和輕視傾瀉到他人頭上去，當然更令人滿意的是，傾瀉到我們首先想擊敗的對手頭上。

作為歸納，我想指出一種常見的方式，透過它，我們自己的責任就推卸到他人頭上了，儘管他人並沒有我們的毛病。許多病人一旦經醫生誘導而意識到自己的問題，就毫不加考慮地馬上把問題的根源歸咎到童年時代。他們會說，他們現在對

束縛很敏感是因為那時他們的母親很專橫；他們現在很容易感到屈辱，是因為童年時受過屈辱；他們的報復性源自於幼時的傷害；他們內向脫群，是因為幼時很少得到理解；他們對性的拘謹態度是因為從小受清教徒薰陶，等等。我這裡指出的，不是那種醫生與病人同心協力、認真考慮病人幼時所受的各種影響，而是指那種過分專注對幼時影響的分析。這種專注的結果是一事無成，只做原地踏步的循環，對目前作用於病人的各種因素卻缺乏探索的興趣。

　　由於佛洛伊德過分強調遺傳性影響病人的這種看法，我們應該仔細檢驗一下這當中真理與謬誤所占的比例。的確，病人的精神疾病傾向始於兒童時代，他所能提供的線索都關涉到他對已經發生的那種傾向的理解。他無法對他的精神狀況負責，這也是正確的，客觀條件的影響決定了他身不由己地發展了那種傾向。由於諸種原因（下面不久將討論），醫生應該把這些情況向病人講解清楚。

　　病人的謬誤在於：他無心過問從童年時代就在他內心逐漸形成的那些因素，但是，這些因素卻是現在正作用於他而且導致他目前病狀的東西。比如，他幼時所見的眾多虛偽可能是他目前對人冷嘲熱諷的原因之一。但如果他認為那是唯一的原因，便是忽視了他目前的需求 —— 譏諷他人。這種需求發源於他在不同理想之間左右為難的局面，為了解決這種衝突才乾

脆將一切價值觀棄而不顧。另外，在無法負責時他要去承擔責任，而在應該負責時他又拒不負責。他不停地追溯童年時候的經歷，就是為了使自己相信，他遭逢挫折是身不由己。同時他又感到儘管經歷過危害性的影響，他的人格本來還是可以保持完好無損的，正像出淤泥而不染的蓮花。對此，他的自我理想化要負一部分責任，正是這種理想化使他無法認為自己曾經有過或現在還有缺陷或衝突。但更重要的是，對童年的反覆惦念正是一種勤於自審的幻覺。但因為他把自己的問題外化了，他自然感受不到作用於內心的各種因素。這樣，他就無法把自己看成自己生活中的主動者。既然自己不再是推進器，那麼便是一個沿山坡往下滾動而且只有一直滾下去的圓球，或者是一隻被拿來做實驗的南美豚鼠，一旦被限定，便永遠被決定了。

　　病人對孩童時代的片面強調，確切地表明了他的外化傾向。所以，每當我遇到這種態度，我便知道：患者已完全與自我相疏離，而且還繼續被驅迫著離自我而去。我這種判斷還沒有出錯過。

　　外化傾向也出現於夢中。如果病人夢見他的心理醫生是監獄看守，或者夢見自己的丈夫把自己想進入的門一下關上了，或者夢見自己在對某個目標進行追求的過程中總是有意外或阻礙，那麼這些夢就正表明患者的一種試圖：否認內心衝突而將它歸咎於某種外因。

　　那種有廣泛外化傾向的病人，給心理治療帶來特殊的困難。他來找心理醫生正如他找一個牙科醫生，認為只是要求醫生完成一個任務，但與自己並無真正的關聯。病人可以對他的妻子、朋友、兄弟的精神狀況感興趣，但對自己本人則毫無興趣。他可以大說特說自身所經歷過的困難處境，卻不願檢查自己在其中有過什麼表現。假如他的妻子不是這樣神經質，或假如他自己的工作不是這麼問題重重，他便會認為一切正常。在較長的時間內他完全不會發現感情因素可能正作用於他的內心。他怕鬼、怕盜、怕雷電、怕周圍有報復心的人、怕政治風雲的變化，但從不怕他自己。他至多想到自己的問題可以給自己提供一些思維的或藝術的樂趣，所以才對問題有一點興趣。但是我們可以這樣說，只要從精神上而言他並不存在，他就不可能將得到的任何見解運用於自己的實際生活。因此，雖然他對自己比別人對他更有所了解，還是無法給他帶來什麼改變。

　　所以，外化作用本質上是一種自我消滅的積極過程。它之所以能夠實現，是因為病人疏離了自我，而這樣的疏離正是精神官能症所固有的現象。由於自我被消滅了，自然的結果便是內心衝突也被逐出意識。外化作用使患者更多地責難他人、報復他人、畏懼他人，結果外在衝突取代了內心衝突。這尤其是因為外化作用大大地加劇了最早發生的精神上衝突，即人與外部世界的衝突。

第八章　假和諧的輔助手段

　　一個虛假往往導致另一個虛假，第二個虛假又需要第三個虛假來支援它，這樣發展下去，直到一個人被纏在蛛網般的虛假中無法脫身，這種情形已並非鮮見。一個人或一類人，如果缺乏對問題尋根究底的精神，他或他們的生活中便隨時會發生這種最終被糾纏不清的局面。誠然表面的修補並非無用，只會產生新的問題，所以反過來又需要一種權宜之計來臨時應付之。精神官能症患者企圖解決基本衝突時也處於這種局面。在精神官能症患者身上也和在前面的情形中一樣，並沒有出現真正有用處的東西，儘管表面狀態發生極端的改變，而最先存在的問題還是又冒了出來。精神官能症患者情不自禁地把一個假解決加在又一個假解決之上，一個個重疊起來。像我們所看到的那樣，他可能突出衝突的某一個方面，但他還是處於被分裂的狀態。他可能乾脆迴避眾人而孤獨自守，雖然衝突一時發生不了作用，他的整個生活卻失去了堅固的基礎。他創造了一個勝利的、人格統一的理想化自我，但同時也製造了一條新的裂隙。他試圖把自我從內心戰場中排斥掉以達到癒合那條裂隙的目的，結果又陷入更難堪的處境之中。

　　一個如此不穩定的平衡需要進一步採取措施才能保持住。

127

於是患者從無意識手段中尋求救兵，這些手段包括盲點作用、分隔作用、合理化作用、嚴格的自我控制、自以為是、捉摸不定、犬儒主義等等。我們不打算逐一細述這些現象，那是一個無法在這裡完成的艱巨任務，我們只闡述患者為了對付衝突是怎樣運用這些手段的。

精神官能症患者的實際行為與他自我理想之間的差距很大，以至於我們很納悶患者本人居然看不見這一點。他不僅根本看不到，甚至對於就在他當面出現的矛盾也木然無知。這種盲點現象是最明顯的矛盾，它首先使我注意到衝突的存在和相關問題。比如，一個具有順從型的各種特點的病人，雖然自認為是個像耶穌一樣的大好人，有一次卻用隨便的口氣告訴我，他在辦公會議上恨不得用槍把那些同事一個個全給斃了。誠然，誘發這些類似殺生念頭的毀滅性渴求在當時是無意識的，但問題在於，他戲稱為「好玩」的這種殺人思想，一點也不影響他聖徒般的自我理想化意象。

另一個病人是位科學家。他相信自己獻身於科學，自認是位發明家。在決定自己應該出版哪一些著作時，他純粹只從碰運氣的動機出發，挑選那些他認為會得到最大反響的東西。他並不試圖偽裝或掩飾，只是像上面一例那樣完全不知道這中間有矛盾。同理，一個把自己想成是善良和直率化身的男子，從一個女性手中索取錢財又花在另一個女性身上，不會認為有什

麼不對。

很明顯，在這幾例中，視而不見的盲點作用的功能是將潛藏的衝突排斥在知覺之外。令人吃驚的只是這種排斥居然那樣容易地就實現了！因為這幾例病人不僅有文化，還有心理學知識。如果只認為我們所有人都可能對我們不想看的東西置之不理，顯然不足以解釋這一現象。我們應該補充一句：我們對事物視而不見的程度，取決於我們有多大的慾望去這樣做。一句話，這種人為的盲點很簡單地表明我們極不願意承認衝突。不過這裡真正的問題是，像上述那些顯而易見的矛盾，我們怎麼能夠如此視若無睹？事實上，如果沒有某些特殊的條件，這的確是不可能辦到的。其中的一個條件就是對我們自己的感情經歷完全麻木遲鈍。另一個條件是史崔克早指出過的，即是所謂只顧局部不管整體的那種隔離性生活方式。這位學者除了對盲點現象做了解釋以外，還談到了這種邏輯嚴密的分隔法。什麼是給朋友的，什麼是給敵人的；什麼是給家人的，什麼是給外人的；什麼是對公的，什麼是為私的；什麼是對有身分者的，什麼是對下等人的 —— 患者都劃分得一清二楚。所以，在他看來，在這個範圍內的事，並不與在那個範圍的事相矛盾，二者涇渭分明，井水不犯河水。實際上只有在患者因為衝突而喪失了一致感時，他才可能以這樣的方式生活。所以，把整個事物分割成相互無關的小單元，與反對承認衝突一樣，也是患者被

衝突分裂的結果。這種方式頗類似一種理想化意象中的情形：矛盾依舊，衝突消遁。

很難說是這種理想化意象導致了化整為零的分隔作用，還是分隔作用導致了理想化意象的產生。不過，看來似乎是這樣的，生活在相互無關的單位中而無視整體，這一事實是根本性的，它促成了理想化意象的創造。為了理解這種現象，必須將文化因素置於考慮之中。在複雜的社會系統中，人幾乎已變成了一個小小的螺絲，對自我的疏離幾乎比比皆是，人的價值也一落千丈。由於在我們的文明中有著數不清的嚴重矛盾，便形成了一種對道德的普遍遲鈍和麻木無知的現象。道德準則令人不屑一顧，所以，沒有人奇怪為什麼一個人今天是虔誠的教徒或慈愛的父親，明天卻一變而為江洋大盜。[29] 我們周圍找不到什麼人格整合、意志統一的人來使我們自己的分裂散亂狀態相形見絀。在精神分析工作中，由於佛洛伊德將心理學看成是自然科學而拋棄了它的道德價值，所以把心理醫生變得和病人一樣的盲目，兩者都看不見這種矛盾。心理醫生以為自己有個人的道德觀或對病人的道德觀有任何興趣，就是「不科學的」態度。但事實上，對矛盾的承認，不一定只局限在道德領域內，也出現在許多理論系統中。

合理化作用可界定為透過推理過程而達到的自我欺騙。一

---

[29]　參見林語堂：《啼笑皆非》(*Between Tears and Laughter*)，約翰·戴依版，1943年。——原注

般認為，合理化作用主要用於自我辯護，或把自己的動機、行為說成符合大家接受的那種觀念，這種看法只在一定程度內是正確的。比如說暗示生活於同一文明中的人都沿著同一準則進行合理化，但事實上被合理化的內容卻因人而異，各不相同，合理化的方法也大相逕庭。這是再自然不過的，因為合理化作用實際上正是一種創造人為和諧的試圖。在患者圍繞著基本衝突建立起的防禦工事的每一角落，都可以看到這種合理化作用的進行。患者的主要傾向透過推理而得到增強，他把有可能表現出衝突的各種因素或變小、或變形，使它們掩飾衝突。這一自欺的推理過程是怎樣粉飾人格的？我們對比一下順從型與攻擊型便可見端倪。順從型把助人的慾望歸結為自己的同情感，儘管他有很強的支配傾向。如果這些支配傾向太明顯，他便將它們合理化為對人的關注。攻擊型助人時堅決否認有任何同情感，只是順便為之。理想化意象總是需要大量合理化行為作它的支持，實際的自我與理想的自我之間的懸殊必須最後被歸結為不存在。透過外化作用，患者用合理化手段證明事出外因，或證明自己的那些麻煩只是對他人行為的一種「自然」反應。

　　患者的過度自我控制傾向可以極為強烈，以至於我曾經認為它是最初出現的精神疾病傾向，它的功能好比是為了防範矛盾感情的氾濫而修築的堤壩。雖然在初期它常常是一種有意識的意志行為，後來便逐漸變成自動的了。患者在這樣進行自我

控制時，不允許自己被任何事物所左右，無論是熱情、性慾、自憐還是憤怒。在治療過程中，他很難做到自由聯想。飲酒也無法提高他的興致，他寧願忍受疼痛而不接受麻醉。一句話，他試圖壓制一切自發性，這種特色最明顯地表現在那些衝突較為外露的患者身上。通常，淹沒衝突的方法有二：其一是清楚地表現出一種主導的態度，其餘與此相衝突的態度都屈居次要；其二是充分保持自我孤立，使衝突無法產生作用。而上述壓制自發性的患者連這兩種方法也沒有運用。他還保持著不分裂的假象，全憑的是理想化自我意象。顯然，如果他沒有某種基本努力去幫助他建立內心的一致，它靠這製造盲點的理想化意象是遠遠不夠的。當這種形象是相互矛盾因素的大雜燴時，它尤其顯得無能為力。那時，就需要有意識或無意識地運用意志力將衝突的傾向剎住。由於最帶破壞性的傾向是由憤怒引起的暴力，所以他就需要花費極大的精力去控制憤怒。這樣形成了一個惡性循環：憤怒被壓抑後，積聚起足以發生爆炸的力量，又需要施加更大的自我控制去將它窒息下去。如果醫生要病人注意這一過度的自我控制，病人會辯護說這是任何文明人都必不可少的美德。他所忽視的是，自己的控制是強迫性的。他身不由己嚴格地實行著這種控制，如果還是無法收到效果，他便會驚惶不已。他的恐懼可表現為害怕精神失常，這就清楚表明控制的功用就是抵擋被分裂的危險。

　　武斷的自以為是能從兩個方面發揮作用。既能消滅內心的疑慮，又可消滅外在的影響。疑心重重與猶豫不定都是伴隨著衝突而存在的副產物，它們可以嚴重到足以使患者的一切行動處於癱瘓狀態。在這種狀態下，患者自然容易受外在影響支配。當我們對自己真正堅信不移時，是不容易受外部因素擺布的。但假如我們隨時都站在十字路口，不知道該走哪條路，那麼，外部因素很容易變成決定我們選擇的力量，即使是暫時的力量。還有，猶豫不定不光指一種行為過程，也包括自我懷疑，懷疑自己的權利和價值。

　　所有這些疑慮都傷害了我們生活的能力。不過，顯然並不是每個人都同樣感到不可忍受，一個人越是把生活看成一場無情的鬥爭，他越會將懷疑看成一種危險的弱點。一個人越是自我孤立、堅守獨立，外在影響越容易成為引起他惱怒的誘因。我的全部觀察都指向這樣一個事實：攻擊傾向與孤獨傾向相結合，便形成最有利於自以為是傾向滋生的土壤。攻擊傾向越是趨於表面，自以為是的表現便越僵硬武斷，患者企圖透過武斷固執地宣布自己總是正確來一勞永逸結束衝突。在合理化作用的控制下，患者自然發現感情是內心的叛徒，必須嚴格防止它的產生。這樣誠然可以得到平靜，但那是墳墓的平靜。所以，不難猜想，這種病人厭惡分析，因為分析可能打破他苦心達到的「和諧」。

　　另一種表現幾乎與自以為是的表現剛好相反，但也是一種拒絕承認衝突的防禦手段，那便是捉摸不定。有這種捉摸不定表現的病人常常像神話故事裡的角色，你要捉住他，他就一下變成一條魚。如果他覺得還不安全，又變成一隻鹿。假如獵人跟了上來，他便化作一隻小鳥飛走。你無法使他們固守自己的話，他們不是否認說過此話，便是向你保證他不是那個意思，他們有使問題變得模糊的驚人本領。要他們對某一事件持一確定的看法，常常是不可能的，即使他們真的想態度鮮明，聽者到頭來還是不清楚到底發生了什麼事。

　　這種紊亂表現也見諸他們的生活。他們一會惡毒凶狠，一會又富於同情；一會過分周到細微，一會極端粗心冷漠；在某些方面強求出人頭地，某些方面又自我抹殺。他們先表現為盛氣凌人，後來又變成任人踐踏的門墊，然後又會變回去而恢復盛氣。在做了對不起某人的事之後，他們會後悔不已，力圖彌補過失，然後又會舊性復發，以惡待人。對他們來說，沒有實實在在的東西。

　　心理醫生也會感到困惑，甚而喪氣地感到無從下手。他這樣想就錯了。他們是這樣一種病人，他們還沒有成功地走上正常的統一人格的途徑；他們不僅未能壓制住一部分衝突，也還沒有樹立明確的理想化意象。我們可以在某種意義上說，他們表現了那些試圖的價值。我們前面討論的各種病人，無論他

們的問題有多少麻煩，至少在人格上有更好的組織，還不像捉摸不定型的人這樣迷失方向。另一方面，如果心理醫生以為衝突就浮在面上，無需去發掘尋找，從而認為這件治療工作是輕而易舉的，那麼他也同樣錯了。他會發現病人反對把問題明朗化，這甚至可能挫敗他的治療意圖。他應該明白，那不過是病人拒絕洞察內心的一種手段。

最後一種拒絕承認衝突的防禦手段是犬儒主義，即對道德價值的否認和嘲弄。每一種精神官能症都必然有對道德價值的懷疑，無論患者如何固守他可以接受的特定標準。儘管犬儒主義有多種根源，其功能總是否認道德價值的存在，從而使患者無需弄清自己實際相信的是什麼。

犬儒主義可以是有意識的，於是成為陰謀權術者們一貫奉行並捍衛的準則。一切皆是表像，你可以為所欲為，只要不被抓住就行了。每個人只要不是笨蛋，就是偽君子。這種人對醫生分析時用了道德一詞非常敏感，不管醫生是在什麼情況下使用的，正如佛洛伊德的時代人們對「性」一詞極度敏感而無視它出現的場合一樣。但是，犬儒主義也可能是無意識的，只不過由於患者口頭上順應眾人的觀念而使這種譏諷傾向被掩蓋住。雖然患者可能不知道自己有犬儒主義，但他的言行卻暴露出他在以這種原則生活。或者，他會愚蠢地陷入矛盾之中，這就像有些人自信看重誠實與體面，然而妒忌別人的詭計多端，並且

恨自己這方面「不在行」。醫生治療時必須在適當時候使病人充分意識到他的犬儒主義並幫助他理解這一點。另外，也可能有必要向他解釋，為什麼他應該樹立自己的道德價值觀。

以上所述都是圍繞著基本衝突建立起來的防禦機制。為了簡明扼要，我把這整套防禦體系稱作保護性結構，在每一種精神官能症中，都可見到多套防禦體系的結合，只是其作用程度各有不同。

第二部分　未解決衝突的結果

第九章　恐懼

在尋求精神官能症問題的深層意義時，我們很容易在這迷宮般的複雜現象中迷失方向。這並不奇怪，因為我們不正視其複雜性，就無法理解精神官能症。不過，我們不時地退到一旁，能讓我們重新縱觀問題，那倒是有好處的。

我們已經一步一步追蹤了保護性結構的形成和發展，我們已經看到一個又一個防禦體系是怎樣建立起來的，它們最後導致一種靜態機制的確立。在所有這些當中，給我們印象最深的因素，是患者消耗在這一過程中的巨大精力，以至於我們再次感到奇怪，究竟是什麼驅使患者走這樣一條艱難的道路？這條道路他必須用巨大的代價才能走下去。我們自問：「使精神官能症結構變得這麼僵硬而難以改變的，到底是些什麼樣的力在起作用呢？整個過程的動力只是對基本衝突破壞力的恐懼嗎？」用類比也許能找出答案。當然，任何類比都不是十分精確的，只能從最廣泛籠統的意義上來看待之。我們假設一個有歷史汙點的人利用謊言和偽裝進入了社會並立住了腳跟，他自然隨時害怕自己的過去被揭露出來。後來，他的境況更好了，他交上了朋友，有了工作，成了家。由於珍視這新的生活，他便有了新的恐懼 —— 怕失去這種幸福，對目前體面身分的自豪感使他

與自己骯髒的過去疏遠了。他把大數目的款項捐給慈善事業，甚至施捨給舊時夥伴，目的是為了把過去的生活完全抹去。同時，人格上一直發生的變化開始把他捲入到新的衝突中，結果，他以偽裝開始生活的這一事實，倒變成了被目前問題遮蓋著的暗流。

這樣，無論精神官能症患者做了什麼努力，基本矛盾依然存在，只是發生了變形，某些方面有所削弱，而另一些方面又增強了。然而，由於這種過程中固有的惡性循環，衝突只是變得更加嚴重。使衝突尖銳化的原因是，患者每一次新的防禦手段，只不過進一步傷害了他與自己和與他人的關係，而衝突正是發源於這種關係的。何況，隨著新的因素（病人幻想已得到的愛情和成功、超然獨立或理想化意象）在他生活中起著越來越重要的作用時，患者便擔心事情變成另一個樣子，害怕自己的這些「寶貝」受到威脅。與此同時，他這種與日俱增的自我疏離進一步剝奪了他自我治療的能力，使他無法擺脫困境。從而，他失去了正常發展的可能，取而代之的是長時期的停滯不前。

患者的保護性手段儘管是嚴格的，卻極端脆弱，本身還導致新的恐懼。其中有一種是害怕平衡被打破。雖然那些手段給他一種平衡感，這種平衡感卻一觸即潰。患者本人並未有意識地發覺這種威脅，但他還是情不自禁以多種方式感受到它的存在。生活經驗告訴他，他會無緣無故出問題，會在根本預料不

到或最不希望的時候大發雷霆，或興高采烈，或憂悶憂鬱，或
倦怠無力，或感到壓抑。

這類體驗總會給他一種疑慮感，使他失去自信，使他覺得
如履薄冰。他心理平衡的喪失也可以表現為走路姿勢步態的
失常，或表現為無力完成需要身體平衡技能的工作。這種恐懼
最具體的表現是對精神失常的恐懼。當這種恐懼達到明顯的程
度時，病人便會因此而尋求精神科醫生的幫助。在這樣的情況
下，恐懼還決定於一種被壓抑的衝動——想做一切瘋狂的事
情，特別想破壞，而這樣想的時候又根本沒有負罪感。然而，
我們不能因為病人怕變瘋就以為病人真的會瘋。通常，這種懼
怕是暫時性的，處於極度憂愁的心境時才會感覺到。它對病人
最大的挑戰體現為對理想化意象的突然威脅，或一種劇烈增強
的緊張（這主要產生於無意識的憤怒情緒），使過度自控無法
維持。比如一位女性本來是相信自己脾氣平和、富於勇氣的，
但當她在一種巨大的麻煩下感到軟弱無助、心驚膽跳並爆發出
憤怒的時候，她便產生了這種恐懼。她的理想化意象本來像一
個鐵箍把她緊緊箍著，現在卻一下繃斷了，使她面臨四分五裂
的危險。我們已經說過，疏離型患者在被從孤獨狀態中強行驅
趕出來並與他人發生密切關係時（比如必須參軍或與親友住一
起），他會感到恐懼。這種恐懼也可以表現為害怕自己精神失
常，甚至的確會表現出精神疾病症狀。在分析治療中，當病人

在經過巨大努力創造了假和諧之後突然意識到自己實際上是分裂的，他也會產生類似的恐懼。

對喪失理智的畏懼主要是無意識憤怒引起的，這一點已在分析過程中得到證明。透過醫生的分析，病人的畏懼感減輕，變成一種擔心，擔心自己在自我控制難以實現的條件下會侮辱或毆打人，甚至殺人。病人也害怕自己在睡夢中、在醉酒後、在受藥物麻醉或興奮時有暴力行為。憤怒可以是有意識的，或在意識中表現為著魔一般的暴力傾向，儘管沒有付諸行動。另一方面，憤怒也可以完全是無意識的，這時患者所感到的是一陣陣突如其來、模糊不清的恐懼，常伴有出汗、頭暈，或擔心自己昏過去。這表示一種暗藏的恐懼，怕控制不住自己的暴力傾向。如果無意識的憤怒被外化，患者可能懼怕雷電、鬼魂、盜賊、蛇等等，即是害怕自身以外一切有潛在毀滅性的力量。

不過，對神智失常的畏懼畢竟少見，最突出的表現還是怕失去平衡。通常，這種恐懼是隱而不露的，然後以含混朦朧的形式表現出來。日常生活習慣的任何改變都可能誘發這種恐懼。有這種恐懼的人一想到要去一次旅行、工作有變動、要僱一個新的僕人或什麼的，都免不了深感不安。只要可能，他們總是盡量避免這種改變。由於這種恐懼威脅著人格的穩定，所以病人不敢找醫生對自己做治療，尤其是病人自己有辦法應付生活的時候更是如此。當他們考慮治療的可行性時，他們所關

心的問題乍一看來是頗有道理的：分析治療會不會破壞自己的婚姻？分析治療會不會使自己暫時喪失工作能力？會不會使他們動輒發怒？會不會干涉到自己的宗教信仰？我們將明白，這類問題在某種程度上產生於病人的一籌莫展狀態，他覺得任何冒險都不值得。但他的憂慮隱藏著一個真正的不安：他需要確信分析不會打破他的平衡。我們遇到這種情況便可斷定，病人的平衡本來就不穩定，對他進行分析是困難的。

心理醫生可否向病人保證不會打破他的平衡呢？不，他不可能。所有的分析工作都必然會帶來暫時的不安。醫生能夠做的只是對問題進行刨根問底，向病人解釋他真正怕的是什麼，告訴他雖然分析可能暫時打破他的平衡，卻有助於他建立根基穩固的平衡。

另一個使病人產生保護性結構的恐懼是害怕暴露，其根源在於病人為了維護和發展保護性結構而不惜採用虛偽做法。我們之後談到衝突使患者的道德誠實受損時，將會討論這些虛偽的表現。眼下我們只需指出，患者想在自己和他人面前都顯得與自己真實的形象有所不同 —— 更加和諧一致、更加通情達理、更加寬宏大度、更加強有力或更加冷酷無情。很難說他是怕把真相暴露給自己還是怕他人知道自己的實情。在意識上，他注意的當然是他人，他越是把恐懼外化，就越是擔心別人會發現他的真面目。他可能以為，他對自己的看法倒無足輕重，

自己發現的毛病也可以自己解決，只要別人一無所知就行。當
然實際上這不可能，但這是他有意識的感覺，而且代表了外化
作用的強度。

對被揭露的畏懼可以表現為一種朦朧的感覺，即患者覺得
自己在進行欺瞞，或者表現為患者突然看重自己少有興趣的
東西。患者可能害怕自己不是人們以為的那麼聰明、能幹、有
知識、有魅力，於是他的恐懼轉化成自己性格中所不具備的特
質。病人記起自己少年時代曾老是擔心自己在班上成績第一完
全是因為做了欺瞞的勾當。每次轉學他都以為這下要被揭穿
了，即使自己又位居第一，還是有這種憂慮。他自己也奇怪怎
麼會有這種感覺，但找不出原因。他無法透視他的問題，因為
他身陷錯誤的泥坑中。對被揭露的恐懼，並不關涉他的聰明與
否，而只是被轉移到這方面。事實上，恐懼所涉及的是他無意
識的虛假觀念，即自以為是對分數無所謂的好學生，而實際上
他卻殫精竭慮地想戰勝別人。經過這樣的疏理，我們就能得出
恰當的概括了。怕自己是騙子，這種恐懼總與某種客觀因素相
關聯，但通常不是患者自以為是的那種因素。從症狀上說，最
顯著的表現是害羞或面露愧色，由於病人害怕暴露的東西是一
種無意識的虛偽，所以，如果心理醫生注意到病人怕被揭露的
情緒表現，就斷定他有可恥之舉或有隱藏的祕密並著手尋求
之，那麼醫生就犯了一個極大的錯。實際上，病人可能並沒有

遮掩什麼，也無隱密可言。於是病人越來越害怕自己一定有什麼在無意識中怕暴露出來的很壞的事情，這種情形只會導致患者反省自責，卻無助於建設性工作。或許，他會詳細敘述自己的風流韻事，或講出曾起過的惡毒念頭。但只要醫生看不出病人正陷於衝突，他就會誤判病人的情況而沒有對症下藥，那麼，病人對被揭露的恐懼仍然會存在如故。

對被揭露的恐懼可以由任何情境引起，精神官能症患者覺得自己像是在接受檢驗。這一類情境包括：開始新的工作、交上新朋友、進入新的學校、考試、參加社會活動，甚至只是參加討論會以及任何有可能使他變得突出的場合。患者透過意識認為是自己怕挫折，實際上常常是怕暴露，所以即使得到成功也無法減輕這種憂慮。他只會以為這一次是自己僥倖得手，但下一次又如何呢？而且，如果他受挫，他便更加確信自己就是一直在進行欺瞞，這一次被抓住就要原形畢露了。這種感覺的一種表現就是極度靦腆，尤其是面對新情況時。另一種表現是患者在受到別人喜歡或看重時還是保持著警惕，他會有意識或無意識地這樣想：「他們現在喜歡我，但如果他們真正了解我，他們就不會這樣了。」很自然，在分析過程中這種恐懼起著作用，因為分析的明顯目的正是要「發現」。

每一種新的恐懼需要一套新的防禦機制。病人用相互對立的方法去清除對被揭露的恐懼，而所有這些辦法都取決於病人

的性格結構。一方面，病人表現出一種傾向──迴避任何類似考驗的場合，假如無法迴避，便盡量謹言慎行，自我節制，給自己戴上一副別人看不透的面具。另一方面，患者又有一種無意識的意圖──要讓自己變得無懈可擊，無需再怕什麼揭露。後一種態度不僅是防禦性的，攻擊型患者也巧妙地運用欺瞞來影響那些他想利用的人。所以，醫生想要對患者進行查詢的試圖，總是遭到狡獪的抵抗。我這裡指的是有公開虐待狂傾向的人。在後面的章節，我們將明白這一特色是怎樣剛好適應患者的性格結構的。

要理解患者對被揭露的恐懼，有兩個問題必須回答，其一是：患者害怕暴露的東西是什麼？其二是：如果他真被揭露，他怕的是什麼？第一個問題我們上面已經做出了回答。為了回答第二個問題，我們還得討論另一種恐懼，它同樣源自於病人的保護性措施。病人懼怕他人的藐視、侮辱和諷刺。防禦措施的脆弱性解釋了病人何以害怕平衡被打破，無意識的虛偽又導致病人怕被揭露，但對屈辱的畏懼來源於受傷害的自尊，我們前面某些章節已經觸及這個問題。創造理想化意象和外化行為都是試圖修補受損的自尊，但正如我們已明白的那樣，這兩者都只是更加傷害了自尊。

如果我們對精神官能症發展過程中，自尊發生的變化做一鳥瞰，我們就能看到兩對交互運動的過程。一對的情況是：

真實的自尊大大降低，非真實的自傲大大上升。自傲是因為覺得自己優秀，勇於進取，獨一無二，無所不會，無所不知。另一對的情況是：患者把真實的自我極度貶低，相反，卻把他人看成巨人。透過壓抑，透過外化或理想化，患者失去了自我之見。即使他未實際地變成，也會感到自己是一團空虛的影子，而不是一個實體。同時，對他人既需要又恐懼的結果不僅使他人變得更可怕，也更不可缺少了。由此，他的重心不再落在自身而是落在他人身上，而且把本該屬於自己的特權拱手讓給了他人。這樣的後果是，他人對他的評價變得至關重要，而自我評價倒無足輕重了，這更助長了他人的看法在他眼中的權威性。

　　上述的各種情況共同解釋了患者何以如此無力抵抗冷漠、屈辱、諷刺的傷害。每一種精神官能症都有這類狀況，所以病人這方面表現得尤其敏感。如果我們了解到對輕視的恐懼有這麼多根源，我們就能明白要除去或只是減輕這種恐懼絕非易事，它只能隨著病況的緩解而減輕。

　　一般而言，這種恐懼造成患者與他人的隔閡，並使他對別人抱有敵意。更重要的是，這種恐懼大大瓦解了他的雄心壯志，使他變得怯懦無力。他不敢對他人有所期望，有所苛求。他不敢與在某方面顯得優於自己的人交往，他不敢表達自己的意見，即使他很有見地；他不敢發揮創造性才能，即使他有這樣的能力；他不敢使自己有吸引力、感染力，不敢有所進取，

等等。即使偶爾按捺不住而躍躍欲試，但一想到受奚落的可怕前景他便馬上知難而退，轉而在穩重、謹慎中躲避風險。

比我們所描述的這些恐懼還更難於察覺的是，一種可以看作是精神官能症發展過程中一切恐懼濃縮後的東西，那就是害怕自身有任何改變。患者以兩種極端的態度來對待這種改變：他們或者乾脆甩手不管，認為在以後某個時候，改變會奇蹟般地自動發生；或者急於求成，對問題還毫無理解就迫不及待地想改變。在第一種態度裡，他們固守這樣一種看法，認為對問題做了一瞥，承認了有毛病，那就足夠了。別人告訴他們說，要實現自我完成，他們必須實際上改變自己的態度和傾向，他們聽了便大吃一驚，深感不安。他們當然是情不自禁看到了這種說法的道理，但他們的無意識還是拒絕接受它。在第二種相反的態度裡，病人無意識地假稱已有了改變。這一方面是一種想當然耳，其產生是由於病人對自己任何缺點都無法忍受；另一方面也是由他無意識的自以為萬能決定的，他認為只要希望麻煩能被消除，它就能消除。

在這種恐懼改變的後面，隱藏著對變得更糟的恐懼，即怕失去理想化意象，變成自我鄙棄的模樣，變成與芸芸眾生一樣的形象，或經過分析後只剩下一個空虛的軀殼。患者怕的是自己還無知的東西，怕的是丟棄好不容易得到的安全、滿意的手段（尤其是幻想問題解決了），或怕的是無法改變。只要想一想

病人的絕望狀態便可理解這種恐懼。

　　所有這些恐懼的根源都在於衝突尚未解決。但如果我們想最終取得人格的整合，我們必須不怕面對這些恐懼。所以，恐懼是我們正視自己的障礙，它們似乎是一個煉獄，我們只有經過這一關後才能得救。

第十章　人格衰竭

要探討未被解決的衝突給病人帶來的後果，就是進入一個似乎廣袤無邊的疆域，前人還沒有涉足過的領域。也許，要走近這一領域，我們首先可以討論某些表現出來的症狀，如憂鬱、酗酒、癲癇、痴呆，並希望從中更好地理解具體症狀。但我更願意從一個廣泛的、有利的角度來考察這一論題，而且提出這樣一個問題：未解決的衝突對我們的精力、人格的完整、人生的幸福有什麼影響？我會這樣看問題，是因為我確信若沒有了解這些症狀的根本屬性，就無法掌握住這些症狀的意義。現代精神病學有一個趨勢，就是抓住一個方便的理論公式以解釋存在的併發症。如果我們考慮到臨床醫生需要的就是對付這些症狀、併發症，那麼我們便可理解他們那樣看問題是自然而然的。但是，這樣做毫無道理，也不科學，就像建築工程師不先打地基卻先建造大樓的頂層一樣。

屬於我們提問範圍的某些因素在前面已經提到過，這裡只再補充一點。另外有些因素已暗含於前面的討論之中，我們還得再增補一些因素。我們的目的不是留給讀者一些含糊的概念，使他們只覺得未被解決的衝突有危害性，而是給讀者提供一幅清晰全面的畫面，闡明衝突給人格造成的巨大破壞。

　　帶著衝突生活主要還意味著生命力的巨大浪費，這不僅由衝突本身造成，還由試圖解決衝突的各種錯誤辦法造成。當一個人在根本上處於分裂狀態時，他是無法將精力集中於任何事物上的，他總是企圖同時達到兩個甚至三個相互矛盾的目的。這表示他不是分散了精力就是自己挫敗了自己的努力；前者，像皮爾金這種人物一樣，他們的理想化意象誘使他們相信，自己在各方面都高人一等。一位屬於這種病例的女性，想做一個理想的良母、優秀的廚師和女主人；想穿著體面，在社交和政治場合上大出風頭；想當賢妻，又想有婚外私通，並且能做自己想做的創造性工作。無需說，她的這些渴求是無法都實現的；她還最終將一事無成，而她的精力 —— 無論她生來有多大的精力 —— 將被浪費掉。

　　更常見的是對某一個目標的追求也遭致失敗，因為相互矛盾的動機相互阻礙了對方。一個男子可能想做人之良友，但他又想左右他人，發號施令，結果他的潛在可能性得不到實現。另一個人希望他的子女出人頭地，但他對個人權力的渴求和固執的自以為是使他達不到這個願望。又有人想寫一本書，但頭痛如裂，或渾身疲軟無力，尤其是在無法馬上找到要說的話時。在這一例中依然是理想化意象在起作用：既然他是一位高手，為什麼輝煌的思想不應該從自己筆尖下滔滔湧流而出，有如從魔術師的帽子裡蹦出小白兔？於是，當沒有什麼預想的東

西出現時，患者便對自己大動肝火。也有一種人是他打算在會上公布高明的觀點，但他不僅要以一種一鳴驚人、壓倒眾人的方式表現這個觀點，他還需要眾口讚譽，無人反對。但同時由於他把自卑感外化，他又隨時擔心受到嘲弄譏諷。這樣造成的結果是：他完全喪失了思考的能力，即使他有可能得到一點思想，也無法產生出什麼結果。另外還有一種人倒是思路清晰，有條不紊，但由於他有虐待狂傾向，便使自己與周圍的人發生對立。我們無需再舉更多這種例子，如果我們看看自己和周圍的人，就能找到許多類似例子。

儘管患者的思維方向普遍不清晰、不明確，卻有一種明顯的例外現象。有時，精神官能症患者顯示出一種令人吃驚的專一性意志。男性患者可能為了野心而犧牲一切，包括他們的尊嚴；女性患者則對生活別無所求，只要有愛情就行了；父母把全部心思都依附在自己的孩子身上，這類患者使人覺得他們是專心致志的。但正如我們已指出的，他們實際上在追求海市蜃樓般的幻象，認為這種幻象能解決他們的衝突。表面的一心一意只是不顧一切的孤注一擲，而不是人格整合的標誌。

消耗並分散精力的還不僅是衝突的渴求與傾向，在患者的保護性結構中某些因素也有同樣的效果。由於對基本衝突某一部分進行壓抑，很大部分的人格被遮蔽了。被遮蔽的部分仍然很活躍，足以對患者進行干擾，卻不可能有任何建設性用途。

這樣，壓抑的結果只造成精力的損耗，而本來這種精力是可用於自信、與人合作、建立良好人際關係的。我們再提一提另外一種因素，那就是與自我的疏離剝奪了患者的前進動力。他雖然照樣能完成自己的工作，甚至在外在壓力下會更加努力，但要他自己依靠自己時，則馬上毫無辦法了。這不僅僅意味著他在工作時間以外的場合中毫無建樹，也毫無樂趣，更完全就意味著患者虛擲了自己的創造性。

對大多數患者而言，多種多樣的因素結合起來對人格造成大範圍散布的壓抑。為了理解並最終消除某一種壓抑，我們通常都必須對這種壓抑反覆分析討論，從我們已提到過的所有不同的角度去處理它。

精力的浪費或誤耗源於三種紊亂失調，這三種失調都是表明有衝突存在的症狀。其一是遇事都猶疑不決。這種狀況可見諸各種場合，無論大小巨細，患者無休止地動搖著、猶豫著。吃這道菜還是選那道菜？買這口箱子還是那一口？去看電影還是聽收音機？患者無法決定要從事哪一個職業，或任職後怎樣走下一步；無法決定在兩個女人中選擇哪一個；無法決定是否該離婚；不知道活下去好還是死了的好。如果他面臨非做不可且一旦決定就不能更改的選擇，便如臨大敵，只弄得倉惶失措，身心交瘁。

雖然患者這種猶疑不決的表現很明顯，人們還是常常感覺

不到，因為患者在無意識中總是竭力避免做任何決定。他們總是對問題一拖再拖，或設法迴避非做決定不可的場合。他們讓自己坐等機運或讓別人去下決定。他們也可能把事情弄得一片混亂，從而使做決定變得不必要。由此而產生的毫無目標的狀態也通常照樣不為患者所知。由於患者用很多無意識手段去掩蓋自己的猶豫，所以心理醫生很少聽見患者訴說自己有這方面病情，而實際上這是一種很常見的障礙。

精力被分散的第二個典型症狀是一種普遍性的辦事無效率。我這裡指的不是那種特定領域裡的無能，那可能是因為缺少專門訓練或缺乏興趣所致。我也不是說那種尚未發掘的能力，像威廉‧詹姆士在一篇非常有趣的論文 [30] 中描述的那樣。他指出，當人感到疲憊的侵襲時仍能堅持不懈，或在外在因素的壓力下仍不屈服，便會迸發出巨大的潛在能力。我這裡說的辦事無效率是指那種一個人由於內心有衝突而無法發揮最好的能力，導致做事效率低落。他好比是踩著剎車又想驅車前行，汽車自然開不動。有時候他的情形的確是這樣，無論從他的能力還是從他所從事工作的艱巨性質而言，他都不應該顯得那樣遲緩無力。並非他沒有盡力，相反，他做任何事都不得不支付超乎尋常的精力。比如，他要花掉數小時才能寫完一篇短報告或學會一個簡單動作。當然，有多種多樣的障礙原因。他可能

---

[30] 威廉‧詹姆士（William James）的《記憶和研究》（*Memories and Studies*），朗文版，1954 年。── 原注

會無意識地抗拒那種他感受為壓迫的東西，他可能情不自禁要完成每一細枝末節，他可能對自己大為惱怒——如上面舉的例子所示，恨自己為什麼沒有一舉棋便大顯身手。無效率不僅表現在辦事遲緩，它還可表現為笨拙與健忘。一個女僕或家庭主婦如果心中暗自認為自己那麼有才能，不該做下賤的家務事，那麼她的工作不可能做好。而且，她不僅是家務上笨拙，她各方面的努力都變得毫無效率。從主觀的立場來看，這意味著在一種扭曲狀態下工作，其必然結果便是很容易變得疲乏不堪，需要更多的休息。在這種狀態下的任何工作都必定迫使人付出更大的努力，正如剎車被踩住的汽車難以正常開動一樣。

內心的扭曲和處處顯出無能與笨拙，不僅見於工作之中，也很明顯地表現在與人的相處上。如果某人想與人友好，但又討厭這樣做，認為那是去討好奉迎，他便會顯得矯揉造作；如果他想請求別人給他某件東西，但又感到應該強行索取才對，便會顯得粗野無理；如果他既想自我表現又想附和屈從，他便會猶豫不決；如果他既想與人接觸又擔心遭到拒絕，便會膽怯害羞；如果他既想建立性關係，又想挫敗性伴侶，他便會顯得僵硬冷淡，等等。衝突的面越寬，生活中的扭曲便越嚴重。

有些患者意識到了這種內心的扭曲，不過常常只在特別條件下當這種扭曲有增無減時，他們才意識到它的存在。他們也有在自然放鬆的狀態下意識到內心扭曲的事實，不過這屬於少

數情況。對由此造成的疲乏感，他們常歸咎於別的因素：身體不好、工作太重、睡眠不足。誠然，這類因素有可能是原因之一，但遠不是人們一般認為的那種重要的原因。

第三個典型的紊亂症狀是普遍性怠惰。有怠惰毛病的患者常常責備自己懶惰，但實際上他們不可能既懶惰懈怠又對此心甘情願。他們可能對任何努力都持一種有意識的反感，並自我合理化，認為自己有出大主意就足夠了，具體細節是別人考慮的事，也就是說，是應該由別人來做的事。對努力嘗試抱有反感也可表現為一種恐懼，怕自己努力的結果只會帶來傷害。只要我們考慮到他們自知容易疲乏，就不難理解這種恐懼。如果醫生只是表面地看待這種疲倦症狀，那麼他的勸告反而只會加重這種倦怠。

精神疾病性質的怠惰是主動性和行動能力的癱瘓。一般說來，這種結果來源於對自我的嚴重疏離和奮鬥的方向不明確。如果患者長期感受到自己的努力是扭曲的、無效的，他便處處顯得無精打采，儘管這當中也有短期的熱烈行動。至於說有哪些致病原因，最有影響的是患者自己的理想化意象和虐待狂傾向。他不得不進行不懈的努力，這一事實就使他屈辱地感到自己並非那理想化意象。而一想到要做的事只是平庸無奇的，他便寧可不去做它，而是幻想著自己大顯了身手。隨時侵蝕著他心靈的自卑感必然隨著這種理想化意象進一步剝奪他的自信，

使他覺得自己做不到任何有意義的事，因此把活動的刺激與樂趣都埋葬了。虐待狂傾向，特別是當其被壓抑的時候（表現為反向的虐待傾向），使患者面對任何類似攻擊性的東西都向後退縮，結果造成程度不等的精神癱瘓。普遍性怠惰尤其具有重要的意義，因為它不僅影響患者的行為，還影響他的感情。只要精神衝突未被解決，浪費掉的精力就大得難以估計。精神官能症說到底還是特定文明的產物，因此對人的才能與品性的毒害無疑是對那種文明制度的嚴厲控訴。

帶著未解決的衝突生活不僅使精力分散，也使道德觀念的分裂。這裡說的是道德的準則，以及影響著我們與他人關係、影響自身發展的所有那些感覺、態度和行為。正如在精力問題上分散造成浪費一樣，現在，在道德問題上的分散導致了道德整體性的損失。這種危害是由於患者同時想進行幾種相互矛盾的努力，也出於患者試圖掩蓋那種矛盾性。

相互矛盾的道德價值也可見於基本衝突。儘管患者竭力想使它們相互協調，它們還是不斷對他產生影響。不過，這也表示沒有哪一種道德價值被他或能夠被他認真當回事。理想化意象儘管包括真實理想的因素，在本質上卻是一種贗品，患者本人和缺乏訓練的觀察者要識別出這種偽造性質，其困難正如要識別出一張偽造的銀行支票一樣。我們已經說過，精神官能症患者可能真的相信他在對自己的理想緊追不捨，所以會譴責自

己的每一個疏忽。如此一來，他在追求自己的標準時，就顯得過分兢兢業業。或者，患者可能在想到和談到價值與理想時，墜入自我陶醉。我所說的他沒有認真把自己的理想當回事，是指那些理想對他的生活不具有義務的強制力量，當他覺得方便或發現它有用時便遵循它的準則，否則便束之高閣。我們在討論盲點作用和分隔作用時已見過這類病例，而類似情形絕少見之於對理想持嚴肅認真態度的人。如果那些理想是真的，也就不容易被隨便丟棄，而患者儘管真正對某一事業有執著的追求，可一旦碰上任何誘惑則馬上背叛那種事業。

一般而言，破壞了道德的完整，便減少了真誠，從而增強了自我中心傾向。說到這裡，不妨提到一個事實：在日本的佛教經文中，真誠是等於專心致志的，這恰好佐證了我們在臨床觀察基礎上得出的結論，那就是，內心有分裂的人不可能完全真誠。

弟子：「我聽說獅子在撲向獵物時，不管是一隻兔子還是一頭象，獅子都全力以赴地投入這一捕獲行動，師傅可否告訴我這種力是什麼？」

師傅：「這是真誠之靈，即不欺之力。」

真誠即不欺，即所謂「顯現出一個人的全部內在」，也有稱之為「體現在行動中的整個身心」……其中毫無保留，毫無掩飾，毫無虛損。能如此生活，則可謂成一金毛雄獅了。這是雄

壯、真誠、專心致志之象徵。如此，則是聖人。[31]

自我中心論是一個道德問題，因為它要別人屈服於他的需求。患者不是把別人看成自有其權利的同等的人，而看成是一種可以實現自己目的的工具。他討好或喜歡別人，是為了緩和自己的焦慮；他有意給別人留下印象，是為了抬高自己的尊嚴；他責怪別人，因為他沒辦法把責任承擔下來；他必須挫敗別人，因為他需要成功。

上述有害的具體表現形式依個體的不同而各異。它們大都已為人們討論過，我這裡只須更系統地對它們進行考察。我並不打算詳盡論述，那有其難度。至少，我們還沒有討論過虐待狂傾向，它只能放到之後再說，因為虐待狂傾向可被看作是精神官能症發展的最後階段。我們從最顯著的表現開始，發現精神官能症無論有怎樣的發展進程，總有這樣一個因素：無意識的假象。其中較明顯的如下所示：

愛的假象。這一術語包含很多種感覺和渴求，也有大量主觀上認為是愛的感受。它可以指一個人所持的寄生性期待，這種人覺得自己太軟弱、太空虛而無法一個人生活。[32] 在有攻擊性傾向的人身上，它可表現為一種慾望，想從對方撈取好處，透過對方獲取成功、威望、權力。這種假象的愛還可見於患者

---

[31]　參見鈴木大拙（D. T. Suzuki）：《禪與日本文化》（*Zen Buddhism and Its Influence on Japanese Culture*），東方佛教協會（東京）出版，1938 版。——原注

[32]　參見卡倫‧荷妮：《自我分析》，第八章：「病態的依賴性」。——原注

想征服某人、戰勝某人的行為中，或把自己融入對方，透過對方來完成自己的生活，或許還用虐待對方的手段達此目的。這種假象的愛還可以是患者的一種需求，要別人讚美他，從而證實自己的那種理想化意象。由於在我們的文明中，愛很少是一種真純的溫情，虐待和負心觸目皆是，於是我們便有一個印象，覺得愛變成了鄙棄、憎恨或冷漠，但愛並不是這麼容易變換面目的。事實上，導致假愛的感覺和傾向最終會暴露在表面。無需說，這種假象不僅見於親子關係和朋友關係，也見於性關係。

善的假象。無私、同情等特質也與愛的假象雷同，這種假象是順從型患者的特點，再加上他特定的理想化意象，他對攻擊性傾向的壓抑，這種假象便更嚴重了。

興趣與知識的假象。這種假象最顯著地表現於那些與自己的感情相疏離，認為只用理智便可引導生活之船的人。他們只好偽裝自己什麼都知道，對一切都感興趣。但這種假象也可見於另一類人，只是更難於察覺。這種人似乎對某一事業有獻身精神，但他本人並未意識到，自己只是利用這種興趣作為跳板，以達到渴求的成功、權力或物質利益等。

誠實公正的假象。這種假象常見於攻擊型的人，尤其是虐待狂傾向明顯的時候。他看到別人愛與善的虛偽性，便認為由於自己不沾染那種偽善的壞習氣，沒有假裝慷慨、愛國、虔誠

等，所以自己特別真誠。實際上，他有一種與此不同的虛偽。他拒絕流行的偏見，正可能是對抗傳統價值的一種盲目的、否定的手段。他的這種否定能力不一定是力量的標誌，而只是想挫敗他人的願望。他的坦率可以是譏諷和羞辱他人。在他宣稱的自我興趣的公正外表下，有可能掩蓋著為了利己而利用他人的動機。

　　痛苦的假象。我們必須更詳細地討論這種現象，因為關於它有一些模糊觀念。堅守佛洛伊德理論的精神分析學家們與一般人有同一觀點，即相信精神官能症患者需要感到被虐待、需要憂慮、需要被懲罰。他們用以支援這種觀點的資料是眾所周知的，但「需求」這一術語包括了多種理性的罪過。持上述觀點的人沒有看到，精神官能症患者的痛苦遠比他自己知道的更多，而且通常只是在他開始康復時才意識到自己的痛苦。更不能忽視的是，持有那些觀點的人似乎不理解，因衝突的存在便不可避免會有痛苦，完全不以個人意願為轉移。如果一個精神官能症患者讓自己人格崩潰，顯然不是他願意給自己傷害，而是因為他內心的需求驅迫他這樣做。如果他自我抹殺，挨了一耳光還把另一邊臉也湊過去，他至少無意識地恨自己這樣做，瞧不起自己。但他對自己的攻擊傾向很害怕，所以覺得必須走另一個極端，讓自己受別人某種方式的虐待。

　　對痛苦的嗜好還有一個特色，那便是把自己的不幸小題大

作，加以誇張。的確，患者有可能別有動機地去嘗試或炫耀
自己的痛苦，它可能是患者乞求注意或饒恕的託詞。患者可能
無意識地用它來達到利己的目的，它可能是被壓抑的報復性表
現，用來消除對報復慾望的壓制。但如果考慮到患者內心的自
我崇高感和純潔感，我們只得認為那是他可以用來達到某種目
的的唯一途徑。有一點也是事實，即他常常為自己的痛苦找一
些站不住腳的理由，所以給人的印象是，他無緣無故沉迷在痛
苦中。這樣他便鬱悶不樂，並把苦惱歸咎於自己有「過失」，而
實際上他痛苦的原因是自己不是理想的那種形象。或者，在和
愛人各處一方時他會覺得一切都完了，雖然他自認這是由於自
己愛得深。實際上，他的內心正遭到分裂，他受不了獨自一人
的生活。最後，他可能矯揉造作，當他實際上是在發怒時，還
以為自己在受痛苦的煎熬。比如，一個女人在情人沒有如約寫
信來時便會認為自己在受苦，但實際上她是惱怒了，因為她要
事情順她的心意而發展，因為任何好像是對她的冷落都使她感
到羞辱。在這個例子中，患者無意識地選擇了痛苦，而不願認
識自己的惱怒以及產生這惱怒的精神疾病傾向。她還強調了痛
苦，因為它有助於掩蓋患者對人對己的整個關係中的兩面性。
不難看出，以上各例中沒有一例是患者自己真的想要痛苦。他
表現出的，是一種無意識的痛苦假象。

　　還有一種特定的傷害，就是患者形成了無意識的自大感。

我這裡像本書前面一樣指的是患者把自己不具有或很少具有的特質看成是自己完全具有的屬性，並在此基礎上無意識地要求對他人發號施令。所有的精神疾病性質的自大都是無意識的，因為患者察覺不到自己那種毫無理由的要求。這裡的區別不是有意識自大與無意識自大之間的區別，而是在過分謙虛和處處道歉底下的自大與舉目可見的自大之間的區別。區別在於表現出的攻擊性大小，而不在自大的程度。在第一種的範圍內，一個人公然要求專門的特權；第二種的範圍內，如果別人沒有自行給予他特權，則他會受到傷害。而兩種情況都缺少的，是一種可稱為現實的謙卑感特質，即意識到 —— 不僅在口頭上也在心中真的那樣想 —— 所有人都有局限，都不完美，自己尤其是這樣。據我的經驗，病人都不願別人說他們有局限，也不願意自己去想這個問題。對於有潛在自大傾向的病人而言尤其如此。他寧願嚴屬地責怪自己造成了疏忽或過失，而不願像基督徒那樣承認「我只有一些零星的知識」。他寧可責怪自己粗心大意與懶散懈怠，也不承認人不可能任何時候都保持良好狀態。自大情緒的最確定標誌是在自責（以及隨之而來的道歉認錯）與內心的惱怒（不滿別人的批評或冷落）之間出現明顯的矛盾。常常，只有透過密切的觀察才能發現這些受傷的感覺，因為過分謙卑的人很可能將這些感覺深藏起來。但實際上他可能與公開自大的人一樣對人苛求，他對別人的批評並未比較溫和。儘管表面上他只是自我抹殺，讚揚他人，但心中卻暗暗期望別人與

他一樣完美。這就意味著他對別人真實的個性缺少真正的尊重。

　　另一個道德問題是立場不明以及隨之而來的不可靠性。精神官能症患者很少根據一個人、一種觀點或一個事業的客觀優點，而是根據自己感情上的需求來決定自己的立場。由於他這些感情需求是相互矛盾的，所以，他很容易改變自己的立場。由此產生的結果是，許多患者的思想很容易被外在因素所左右──好像是在無意識中隨時被人收買──只是不是被錢，而是被溫情、威望、名氣、權力或「自由」所收買。這種情況可見於患者的人際關係之中，無論是與其他個體的關係還是自己作為團體之一員。患者常常無法說出自己對別人的感受或看法。一點失望，受了一點輕視，或自認是受了一點輕視，就足以使他與別人斷絕朋友關係。遇上一點困難，他的熱情就馬上消失，而代之以垂頭喪氣。他會因為個人恩怨而改變宗教、政治甚至學術觀點。他可能在私下討論時立場鮮明，但一旦權威或團體施加一點點壓力他就馬上讓步附和，常常還不知道為什麼自己改變了觀點，甚至意識不到自己已經改變了看法。

　　精神官能症患者會無意識地避免顯而易見的搖擺不定，他採取的方法是不第一個表態，或持觀望態度──「騎牆」，以便隨時有餘地倒向某一邊。他也許會以情況的複雜為理由來使自己這種態度合理化，或者被一種強迫性的「公正」感所支配。無疑，如果是真正想做到剛正不阿，那是可貴的追求。另外，

如果一心想做到公正，的確使人在很多場合下都更難於做出決斷。但「公正」也可以是理想化意象的一個強迫性屬性，其作用正是使表態變成不必要，而同時又使人感覺自己因超脫了偏見之爭而顯得超凡脫俗。在這種情況下患者有一種抹殺區別的傾向，認為兩種觀點實際上並不怎麼矛盾，或認為在兩者的糾紛之中雙方都是對的。這是一種偽客觀性，它阻礙患者透過事物表面看清問題本質。

　　這方面的表現在不同類型的精神官能症中有很大的不同。在那些真正孤獨離群的人身上可看到最大程度的正直廉潔，這些人遠遠避開了漩渦般的病態競爭與親密關係，無論「愛」還是野心都不能收買他們。還有，他們對生活的旁觀態度使他們的判斷有很大的客觀性。但並不是每一個孤獨型患者能有自己的立場，他可能不願意參加爭論或表態，甚至在自己心目中也沒有定見，不是含糊其辭，就是別人說好則好，別人說歹則歹，沒有自己的看法。

　　與此相反，攻擊型患者似乎反駁了我的關於精神官能症患者一般難於持有己見的斷言，尤其是如果攻擊型患者固執地自以為是，他似乎格外地有能力確定自己的看法，捍衛自己的看法並固守己見。但是給人們的這種印象是欺騙性的。這種人有明確觀點的時候往往是因為他固執己見而不是因為他有真正的確信。由於這種己見也能夠把他心中的疑慮全部壓下去，他的

觀點總帶有教條的甚至是盲信的性質。況且，他並非鐵石般不可動搖，權力和成功的誘惑能使他改變信念。他的可靠性是有限的，這種可靠性取決於他對支配地位和名譽地位的渴求。

精神官能症患者對責任的態度可能是令人困惑難解的。這部分是由於責任這個詞有多種引申意義：它可以指在良心驅使下自覺地完成義務。從這一意義上說，精神官能症患者是否是盡責的，取決於他特定的性格結構，這在各種不同的精神官能症中有不同的表現。對某些精神官能症患者而言，責任可能意味著只要自己的行為會影響他人，就要對自己的行為負責。但也可能是用來掩飾發號施令所採用的委婉說法。認為自己應該負責任，該受責備，這種態度也可能只是一種憤怒情緒，恨自己不是理想化的那個樣子。所以從這個角度看，這種「責任」感與責任毫不相關。

如果我們自己清楚地意識到，把責任歸己確切地意味著什麼，我們就會明白，要精神官能症病人來承擔責任，就算可能，也是十分艱難的。那首先意味著實事求是地向自己也向他人承認，自己的意圖是什麼，說了什麼話，有什麼行為，並願意對後果負責。這和那種謊言欺騙或怪罪別人正好相反。在這個意義上，要精神官能症患者自己負責，太困難了。因為事實上他不知道自己在做什麼，為什麼要做，而且主觀上根本不想知道。這就解釋了何以他常常想方設法把責任推掉，比如透過

否認、忘記、疏忽，老是找其他理由，自認為被誤解，或被弄糊塗了等等。由於他總是傾向於把自己除外或認為自己沒有差錯，他極容易認為麻煩的產生是由於妻子、同事或心理醫生的過錯。另外還有一個因素也使他沒有能力對自己行為的結果負責或甚至無能力看到這種後果，這就是自以為萬能的感覺。在此基礎上，他以為能夠為所欲為又不負責。而他如果意識到不可避免的後果，這種感覺便會被粉碎。

最後還有一個因素，初看起來似乎是一種思維上的無能，即無法考慮到原因和結果。患者普遍給人的印象是他的思想從來就只圍著過失和懲罰兩個詞打轉。幾乎每一個患者都會認為心理醫生是在怪罪於他，而實際上醫生只是在讓他面對自己的矛盾及其後果。除了與心理醫生打交道，他可能感到自己常被人懷疑為犯有過失，常有人批評他，所以他隨時準備自衛。實際上，這是一種內心活動的外化。正如我們已經看到的，正是他自己的理想化意象使他覺得別人懷疑他、攻擊他。正是這種找碴與自衛的內心活動，再加上這種活動的外化，使他幾乎不可能在涉及自己的場合下考慮原因與結果的關係問題。但只要問題不涉及自己個人的麻煩，他可以像別人一樣實事求是地對待。比如，如果天在下雨，街上很溼，他不會問這是誰的過錯，而是接受這種偶然的連繫。

當我們說自己承擔責任時，我們還指能夠挺身捍衛自己相

信是正確的東西，以及願意在我們的行為和決定被證明是錯
時，承擔全部後果。但是，當一個人為內心衝突所分裂時，是
難以做到這一點的。他應該或他能夠挺身而出捍衛哪一種內心
的衝突傾向呢？它們中間沒有一種代表了他真正想要或相信的
東西。事實上他只有捍衛自己的理想化意象。然而，這卻不允
許任何錯誤。因此，如果他的決定或行為引出了亂子，他就必
須假裝正確，把惡果推向別人。

　　舉一個較為簡單的例子可能有助於說明這個問題。某一個
團體的領導人渴求無限的權力和威望。沒有他，什麼事也決定
不了或做不成。他不願意把責任託付給別的受過專門訓練的、
更有能力處理某些事物的人。在他心中，任何事都只有他最懂
行。此外，他還不要別人感到他們也是他不可缺少的幫手或真
正變得不可缺少了。他只是因為時間和精力的限制，才不可能
如願以償。但這個人不僅想支配他人，也想屈從他人，想做一
個大好人。由於這些衝突的存在，他身上便有了我們描述過的
所有症狀：怠惰、嗜睡、猶豫、拖沓，因而無法安排自己的時
間。又由於他感到守約是一種不可忍受的強迫，他暗暗喜歡讓
別人等候他。還有，他做了許多無關緊要的事，只是因為那樣
能滿足自己的虛榮。最後，他又很想做模範丈夫，而這又要耗
費他不少時間和心思。所以，這個團體自然無法很好地發揮作
用。但因為他看不到自己的毛病，他反而怪罪團體裡的其他

人，或責怪外在條件不利。

這樣，我們再次試問：他能為他人格中的哪一部分負責呢？為他的支配傾向，還是為他的屈從討好傾向？首先，他對這兩種傾向都毫無所知。但即使他意識到這兩種傾向，他也做不到取其一而捨其二，因為兩者都是強迫性的。不僅如此，他的理想化意象只允許他覺得自身有理想的優點和無限能力，而對別的則視而不見。所以，他當然無法對衝突產生的結果負責。那樣做無異於要他把一心想掩飾的、不讓自己看到的東西全部暴露出來。

一般說來，精神官能症患者尤其不願意 —— 當然是無意識地 —— 對自己行動的後果承擔責任，他甚至對顯而易見的後果也視而不見。由於他無法清除自己的衝突，他便執著地相信 —— 也是無意識地 —— 自己神通那麼廣大，應該是能夠對付那些衝突的。他認為，後果只是別人才應該考慮的，自己不存在這個問題。因而，他必須不斷迴避對因果規律的認識。要是他願意面對這一系列問題而敞開自己的心靈就好了！那樣，他會得到巨大的教益。這些問題直接證明，他的生活體系有問題，儘管他有那些無意識的狡詐和策略，他也絲毫改變不了我們精神生活中的法則。這些法則也同樣無情地制約著我們的肉體。[33]

---

[33] 參見林語堂：《啼笑皆非》。在〈業緣〉一篇中，作者說他對西方文明居然如此不理解這些精神法則感到吃驚。—— 原注

　　事實上，整個責任問題根本引不起患者任何興趣。他只看到或朦朧感覺到這個問題的消極方面。他沒有看見，並且只在以後才逐漸懂得的是：由於自己拒不理睬這一問題，他挫敗了自己渴求獨立的熱烈願望。他以為拒不承擔任何義務就可以確保獨立，而實際上一個人承擔責任才是獲得真正的內心自由不可缺少的條件。

　　為了避免看到因內心衝突而產生的問題和痛苦，患者便在三種辦法中任選一種 —— 更常見的是三種辦法一齊用。他可能充分運用外化作用，於是一切事物，從食物、氣候、健康到父母、妻子或命運，都被看成是某一禍事的起因。或者，他會認為既然自己並無過錯，不幸的事降臨頭上，那真是於理不公。他連生病、變老、死亡、婚姻不幸、子女出問題、工作績效不被承認，都認為是不公平。這種想法不管是有意識的還是無意識的，都是雙倍地錯了，因為它不僅刪除了他的麻煩中自己的一份責任，也刪除了所有那些不取決於他而又對他的生活施加影響的因素。不過，這種想法有自己的邏輯。這是孤獨脫群者的典型思想，這種人完全以自己為中心，這種自我中心主義使他不把自己看成只是一個大鏈條上的小環節。他認為自己理所當然地應該在某個時候和某個場合得到生活的一切好處，但不願意把自己與別人連繫起來，不論是好是壞。因此，他不明白為什麼他並沒有個人參與，還是免不了感受苦惱。

　　他的第三個辦法是拒不承認因果關係。事情的結果在他看來是孤立的事件，與自己無關，也與自己的麻煩無關。比如，他會覺得憂鬱與恐懼是從天而降到自己頭上的。當然，這可能是因為他對心理的無知或缺少觀察所致。但在臨床分析時我們可以發現，病人對任何可能的連繫都極為固執地堅決否認，拒絕討論。他懷疑那些因果關係，或乾脆忘掉它們。或者，他覺得心理醫生不是在儘快替他解決紊亂——這正是他求醫的目的——而是在怪罪於他以便狡猾地維護醫生自己的面子。所以，病人可能已經熟悉了產生怠惰的因素，但拒絕正視這樣一個明顯的事實：他的怠惰不僅延緩了醫生的治療工作，也延緩了他自己要做的每一件事。或者某個病人已經意識到自己對他人咄咄逼人的態度，但不理解自己為什麼經常與人發生爭執不和，為什麼別人討厭自己。內心存在著這些苦惱是一回事，他每日生活中的實際問題又是一回事。兩者各是各的，他把內心的衝突與衝突對自己生活的影響分隔開來，這種分隔造成了一種傾向：把整體事物割裂並只看各個局部。

　　患者拒絕面對自己的態度和傾向造成的後果，但因為這種抗拒大都被患者深藏於心底，所以醫生很容易忽視。因為在醫生看來這種因果關係太明顯了。這是很不幸的，因為如果不讓病人意識到一個事實，即他對後果視而不見，他也不懂自己為何有此種行為，那麼，病人不可能意識到自己在干預自己的生

活。在臨床分析中，最有力的治療就是讓病人知道後果，道理是：它使病人從心裡感到，只有改變內心裡的某些東西，才能獲得自由。

既然精神官能症患者對自己的虛假、自大、自私都無法負責，我們還能用道德這個詞嗎？有人會說，作為醫生，我們只需關心病人的疾病和治療，他的道德問題與我們不相干。人們認為，佛洛伊德的偉大功績之一正是推翻了「道德」的態度，而我這裡似乎又在鼓吹這種道德觀了。

這種非道德觀被認為是科學態度，但它經得起考驗嗎？在人的行為問題上，我們能夠真正排除對正確與錯誤的判斷嗎？如果精神分析師決定什麼需要分析治療，什麼不需要，他們難道不是正在根據他們有意拒斥的判斷而著手工作嗎？然而，在這種暗含的判斷中卻有一種危險，那就是：這種判斷有可能不是過分出於主觀就是過分囿於傳統。這樣，精神分析師也許會認為某個男子尋花問柳無需過問，而一個女人的桃色事件卻應該嚴加考察；或者，假如醫生認為人欲橫流的放蕩生活是正常的，他反而會覺得，無論男女，忠貞專一倒是值得分析研究的病例。實際上，做出判斷，其根據應當是基於某個病人的精神症狀。應當決定的問題是，病人的態度所產生的後果是否有害於他的發展、有害於他與人的關係。如果有，則病人的態度有錯，需要治療。醫生應毫不含糊地向病人說明自己為什麼做出

了那些結論，才能使病人自己下決心配合治療。最後，上述非道德論難道不是犯了病人在思維中的謬誤，即認為道德只是一個判斷問題，而不主要是帶有後果的事實問題？且舉精神疾病性質的自大為例，它是作為一個事實而存在的，無論患者應不應對之負責。心理醫生相信自大是病人應該加以認識和最終克服的一個問題。難道不是因為醫生自己從小在主日學校中就懂得了自大是罪過而謙卑是美德，他才有這種批判的態度和出發點嗎？或者，他判斷的依據，是認為自大是違背實際的，有不利後果，而病人無可避免地要承受這種後果的重壓，無論他該不該對那種後果負責。自大的結果是阻礙了患者的自知之明，從而阻礙了他的正常發展。還有，自大者待人不公，這又有其反作用——不僅使自大者不時與他人發生摩擦，還使他完全與人疏遠。而這只使他更深地陷在精神疾病之中。由於病人的道德一部分產生於其精神疾病，一部分用以維持這種精神疾病，所以醫生沒有別的選擇，只有對病人的道德加以關注。

第十一章　絕望

　　儘管精神官能症患者有內心衝突，他還是能不時感到滿意，並能喜歡與自己意氣相投的東西。但是他的快樂有賴於太多的條件，否則不可能經常出現。比如，他只有獨自一人才有樂趣，或者他必須和別人一起才感到樂趣，或者他必須是當時壓倒一切的角色，或者他必須得到所有人的認可。他快樂的機會還要進一步受限，因為使他快樂的條件常常互相矛盾。他可能喜歡讓另一個人帶頭，但同時又對此耿耿於懷。一個女人對丈夫的成功感到高興，但同時也感到妒忌。另一個女人可能想舉辦一次沙龍聚會，但她要求每一件事都完美如意，結果聚會日期還沒有到，她已精疲力竭了。就算精神官能症患者真的找到了暫時的快樂，這種快樂也很容易因為他的各種弱點和恐懼而受到干擾。

　　不僅如此，日常生活中經常見到的意外對精神官能症患者則變得非同小可。任何微小的失敗都可能將他投入憂鬱之中，因為失敗證明了他毫不特殊，沒有了不起之處，即使失敗的發生是他個人無法控制的。別人任何無傷大體的批評都會使他憂心忡忡，思前想後。結果，更多的時候他是不幸的、失望的，儘管實際上那是庸人自擾。

173

　　如果我們還考慮到另一個因素，就不難理解，這種局勢儘管已很糟，還將進一步惡化。只要還有希望，人顯然能忍受巨大的苦難。但精神上衝突傾向的相互糾葛紛爭，不可避免地產生一種無望的感受。衝突越嚴重，越沒有希望。這種無望的痛苦可能深埋在患者內心。表面上，患者照樣從事著想像或計畫，以為那樣能把事情變得好一點。男性患者會想，只要他結了婚、有更寬敞的房子、工作上換一個下屬、家裡換一個女人做妻子；女患者又會想，要是她是個男子而不是女人、再年老一點或再年輕一點、再高一點或不那麼高 —— 那麼，一切都好辦了。有時，某些使他不安的因素消失，的確有幫助作用。然而，更經常的是，他或她的這類希望只是把內心的矛盾外化了，所以必然會使自己失望。精神官能症患者指望外在的改變能產生一個更好的世界，但不可避免地使自己和自己的精神疾病原封不動地隨著外在因素而進入每一個新的場合。

　　建立在外在因素上的希望自然更多見於年輕人，這就是為什麼對年輕患者的分析並不如人們想的那麼簡單。隨著年歲的增長，一個又一個的希望破滅，患者更願意好好地檢討一下自己，看自己本身是不是不幸的原因之一。

　　即使無望的總體感覺是無意識的，其存在與強度可從多種不同的症狀推斷出來。在患者個人生活史中也許有某些經歷，使他對失望的反應強烈而持久，遠遠超出應該有的正常尺度。

這樣，一個人可能淪入一種徹底的絕望，它顯然來自於青春時期的失戀、朋友的背義、工作上不合理的解僱、考試的失敗。自然，我們首先想查明的是，究竟有什麼特殊的原因，使患者做出如此深刻的反應。但在任何特殊原因之上，我們通常發現，不幸的經歷往往造成更深沉的失望。同理，整日想到死，隨時湧上自殺的念頭——無論有無做作的成分——都指出有一種全面的絕望，儘管患者外表顯得樂天安命。一種輕浮隨便、拒絕認真待人待事的態度——無論出現在分析過程中還是平時——是另一個標誌。一遇到困難馬上洩氣也屬於這類無望感。佛洛伊德界定為負向治療反應的主要內容也就是這種感覺。本來對問題做深一層的透視，儘管是痛苦的，卻能提供一條出路。但這種透視，只導致患者更洩氣，只讓他更不願意勞神費力去再一次研討一個新的問題。有時，這看起來像是病人不相信自己能克服那種困難，但實際上他是不敢希望自己能從中有所收穫。在這些狀況下，他自然要抱怨。那種深一層的透視只會傷害或驚嚇了他，他自然要不滿意心理醫生打破了他的安寧。另外，患者總是沉迷於對未來的猜想和預見之中，總是在卜卦算命、預測將來，這也是一種無望感的證明。雖然表面上這像是一般性的對生活的焦慮，怕發生不測、怕走彎路，然而我們可以觀察到，患者的觀念總是帶有濃厚的悲觀主義色彩。像希臘神話中的預言女神卡珊德拉（Cassandra）一樣，許多精神官能症患者主要預見的是災禍，而不是吉祥。這種關注

生活的黑暗面而不是光明面的情況，提醒了我們，患者可能有深沉的個人無望感，無論他怎樣巧妙地加以合理化。最後，還有一種長期的憂鬱症狀，完全是藏而不露、難以察覺的，它常常不為人看出是憂鬱。受此痛苦折磨的人可以照樣應付生活。他能夠快樂，也能痛快一番，但要在早上重新振作起來投入生活，或者說忍受生活，卻需要幾個小時的時間。生活是永恆的負擔，對此他已不再有鮮明感受了，所以很少抱怨。但他的精神一直處於低潮。

產生絕望的根源總是無意識的，但絕望感本身可以是極有意識的。一個人可能完全沉浸在末日感中。或者，在對生活的整體態度上，他表現出無可奈何的自暴自棄，不指望任何好事，只覺得別無他法只有忍受。或者，他會以哲人的口氣自我安慰地說些話，大意不過是人生在本質上就是悲劇性的，只有傻瓜才不知道人的命運是不可改變的，等等。

心理醫生在第一次接觸這類患者時，就可感覺到這種人看不到希望。患者可能不願意做最小的犧牲，不願意有一點點不方便，不願意做微不足道的冒險。他給人的印象可能是，這個人只是在自我嬌縱。但事實上，既然他不指望從犧牲中得到什麼，他也就覺得自己沒有必要去做犧牲。在分析過程以外的日常生活中，也可見到他類似的態度。他處在完全不令人滿意的情形中也無動於衷，儘管稍加主動或借助舉手之勞就可改善處

176

境。但是他可能已被自己的無望感完全弄癱瘓了，不足掛齒的困難在他也像是不可克服的障礙。

有時，別人偶然的一句話會使這種狀態表面化。一位心理醫生只簡單說某個問題還未解決，還需要分析，病人可能用這一問句作答：「那你認為這是無望了？」當他意識到自己的頹喪，也不知怎樣解釋。他可能將這種心情歸咎於外因，從他的工作、婚姻到政治局勢，但他的絕望感並不是產生於某種具體或暫時的條件。他感到沒有希望能使自己的生活更充實，沒有希望得到快樂或自由，他感到自己被排斥於所有能使他生活有意義的東西之外。

或許，索倫・齊克果已給了最深刻的回答。在《致死之病》(The Sickness unto Death) 一書中，他說所有的失望根本上都是未能成為我們自己而感到的失望。各個時代的哲學家都強調了成為我們自己的核心意義，指出了由於人感到有障礙阻止他接近成為他自己這一目標而產生的頹喪。這也是東方佛教經文的主題。在現代學者中我只摘引一段約翰・麥克莫瑞的話：「我們的存在除了充分地、徹底地成為我們自己之外，還可能有什麼別的意義？」[34]

絕望是衝突造成的最終產物，其根源在於患者放棄了保持身心完整不被分裂的希望。嚴重的精神官能症導致了這一狀

---

[34]　約翰・麥克莫瑞 (John Macmurray)：《理智與感情》(Reason and Emotion)，阿普頓世紀版，1938 年。——原注

態。患者最基本的意識是感到自己像鳥兒被囚進籠子一樣被衝突抓住不放，看不到解救的可能。於是病人試圖解決衝突，這種試圖不僅以失敗告終，還更加使病人與自我疏離。重複性的體驗只加深了他的絕望感。患者的才能從來不曾取得成功，這或者是因為精力一次又一次的分散到過多方面，或者是因為一進行創造性工作便遇到巨大的困難，足以妨礙他的繼續努力。這種情況也適用於他的愛情、婚姻、友誼，這些都一個又一個地崩潰了。這樣重複的失敗，令患者沮喪洩氣，這就像做實驗用的老鼠看見面前的小門裡有食物，撲上去抓又抓不著，因為有東西擋在前面，無論牠撲了多少次還是遭到同樣的挫折。

　　不僅如此，他還從事著另一毫無希望的追求 —— 想成為理想的那種形象。在產生無望感的原因中，甚至很難說這種追求是不是最重要的一個原因。然而，毫無疑問的是，在分析治療中，當患者意識到自己遠不是自以為的那種唯一完美的人時，他的失望感便很明顯地表現出來。這時，他感到什麼希望也沒有了。這是因為，他再也不敢圖謀達到那種輝煌的高度；這還因為，他一旦意識到這一點便對自己極端鄙夷，而這種自卑又粉碎了再有所圖的指望，無論是愛情還是工作，他再不敢企求有所進取。

　　最後，使患者感到無望的，還有一個原因。患者在為人處世中，重心不是落在自身，而是落在外在因素上，這樣，在自

己的生活中他已不是原動力了。如此一來，他失去了自信，失去了作為健全的人而發展的信念。他於是事事自暴自棄，這種態度雖然可能不被人們察覺，卻導致了非常嚴重的後果，足以稱做心靈的死亡。正如齊克果所說的：「但是，儘管他頹喪絕望……他還是可以……完全有能力照樣打發生活，照樣忙碌於塵世的事務，娶妻生子，贏得聲譽和地位。或許，沒有任何人會注意到，在更深刻的意義上，他是沒有自我的。像這樣難以引人注意的東西，世人是不會表示興趣的。因為自我是世人最不會過問的東西。對一個人來說，一切事情中最危險的，莫過於讓人們注意自己的自我。而一切危險中最大的危險，就是一個人自我的喪失。它可能悄無聲息地來臨，似乎什麼也沒有發生。相比之下，任何別的損失，比如一條胳膊、一條腿、幾塊錢、一個妻子等等，倒是肯定會引起注意。」

　　根據我觀察的經驗，我發現，絕望是一個常被心理醫生忽視的問題，因而沒有得到恰當的處理。我有些同事看到病人的無望後大為震撼，連自己也感到無望了。他們縱然看到了這個現象，也沒有把它當作一個問題。醫生的這種態度對分析工作當然是最有害的，因為無論他的技術多麼高明，方法多麼大膽，病人還是感到醫生其實已認為無望而將他放棄了。在平時的情況也如此。任何人，如果不相信同伴有潛在的能力，則這種人不可能成為真正的朋友並給予同伴建設性的幫助。

　　有時，心理醫生們又犯了與上述相反的錯，即太不注意病人的這種無望感了。他們覺得病人需要鼓勵，於是便照此辦理，這樣做固然可嘉，但還很不夠。當醫生這樣做時，病人即使欣賞醫生的好心，還是覺得醫生攪擾了自己，因為在心底深處病人知道自己的無望感不只是一種心情的問題，醫生的好心並無多大作用。

　　為了抓住問題的關鍵，直接對之進行處理，我們有必要先從如上所述的間接跡象察覺病人感到絕望了，我們還要了解他這種感覺的強度怎樣。然後，我們必須理解他的無望感完全來源於他內心的糾葛。醫生必須意識到這一點並清楚地向病人講明，只是在他的現狀維持不變，他也以為無法改變的條件下，他的病才是無可救藥的。這個問題在契訶夫（Chekhov）的《櫻桃園》（*Cherry Orchard*）中得到了簡潔的闡述。一家人面臨破產，一想到要離開他們的莊園及其可愛的櫻桃園，便傷心頹喪之至。一個有實幹精神的人向他們提了一個很好的建議：在莊園某處修一些小房子出租。這家人出於狹隘的胸懷和眼界無法容忍這種想法，而由於找不到別的解決辦法，便一直陷於絕望而無法自拔，好像他們根本沒有聽到這一建議似的。他們可憐無助地問，難道真的沒有人能對他們有所指點、有所幫助嗎？設想一下，如果他們的那位顧問是一個心理醫生，他會說：「你們的局面當然是很困難的，但真正使這種局面變得無望的是你

們自己對它的態度。如果你們願意考慮一下改變自己對生活的要求，你們就根本沒有必要感到無望了。」

相不相信病人真的能改變，即相不相信從根本上來講他是可以自己解決衝突的，決定了治療者敢不敢對付這一問題，也決定了他能不能取得成功的機會。正是在這一點上清楚地顯示出我與佛洛伊德的分歧。

佛氏的心理學及其哲學本質上是悲觀的。這在他對人類未來的觀點上尤其明顯，[35]表現在他對治療法的態度上。[36]在他的理論基礎上，他除了悲觀失望並無他路。據他想來，人受本能驅使，本能至多只能透過「昇華」得到調節。人尋求滿足的本能傾向不可避免地在社會中遭到挫敗，他的「自我」永遠在本能傾向與「超我」之間拋來拋去，這種「自我」本身也只能得到調節。「超我」的主要功能是壓抑和破壞，根本不存在真正的理想。希望達到個人的完美，那只是「自戀」。破壞性是人的本性，「死亡本能」驅迫著他或者去毀滅他人，或者去受苦。佛氏的所有這些觀點都不承認有積極正面的態度可以導致改變，從而限制了他所發明的極有潛在能量治療法的價值。與此相反，我深信，精神官能症中的強迫性傾向並不是本能的，而是源自於人際關係

---

[35]　佛洛伊德：〈文明與缺憾〉（*Civilization and its Discontents*），見《國際精神分析文庫》（*International Psychoanalytical Library*），第十七卷，李奧納多和伍爾夫編輯，1930 年。——原注

[36]　佛洛伊德：〈有止盡與無止盡的分析〉（*Analysis Terminable and Interminable*），見《國際精神分析雜誌》，1937 年。——原注

的失調。我認為，隨著人際關係的改善，這些傾向也能夠發生改變，由之而產生的衝突也能真正消除。這不是指，基於我這種理論原則上的治療法一點局限也沒有。要確切無誤地界定它的局限，還要先做大量的工作。但我確定，我們有充分的理由相信，根本的改變是可能的。

那麼，為什麼認識並處理病人的無望感是如此重要呢？首先，這種方式在處理諸如憂鬱和自殺傾向等特殊問題時有很大的價值。事實上，我們的確可以消除病人的憂鬱，辦法很簡單：我們只需把病人正受其折磨的那種衝突暴露出來，而不必觸及他的普遍性無望感。但如果要防止憂鬱的復發，則不能不觸及他的無望感了，因為他的憂鬱正是來自於這個更深藏的根源。我們如果不探索這個根源，也無法對付較難察覺的長期憂鬱症。

對自殺傾向的處理也是這樣。我們知道，如下一類因素，比如巨大的失望、藐視、報復性等，都會導致自殺衝動的產生。但在這類衝動明顯化以後再去防止自殺，常常又太遲了。醫生如果對病人無望感的最不惹眼的跡象也加倍留意，並在恰當的時候與病人一起討論和分析他的問題，那麼，許多自殺事件是可以避免的。

具有更普遍意義的是以下一個事實，即病人的無望感妨礙著任何嚴重精神疾病的治癒。佛洛伊德傾向於把一切妨礙病人好轉的東西都稱做「阻力」。但我們卻不能用這種方式來看待無

望感。在分析過程中，我們必須研究阻礙與推進這兩種力量的相互作用，研究阻力與動力。阻力是一個集合名詞，代表病人內心維持現狀的所有因素。而他的動力卻來自於內心的一種建設性能量，這種能量促使他去獲得內心自由。我們要運用的正是這種動力，沒有這種動力，我們自然束手無策。正是這種動力幫助病人克服阻力，這種動力使他產生豐富的聯想，從而讓醫生有機會更好地去理解他。這種動力使病人用內心的力量，去忍受成熟帶來的不可避免的痛苦。這種動力使他甘願冒險並放棄曾給自己帶來安全感的態度，而一躍進入對人對己未知的新態度中。醫生不能總是拖著病人走完這一過程，病人必須自己想走才行。正是因為病人的無望感而使這種寶貴的動力癱瘓下來了。醫生如果沒有看到這種動力並加以引導，便是剝奪了自己最得力的盟友，一人孤軍作戰對付病人的精神官能症。

　病人的無望感不是用一個解釋就可以解決的問題。假如病人開始意識到無望感的確是個問題，但最終能夠得到解決，而不再陷入絕望之中，不再認為那是無可挽救的，那麼我們就已經取得了實質性的收穫。就是這第一步，已使病人解放出來可以繼續往前走了。當然還有起伏和曲折。在他得到了某些有益的認識時，會變得樂觀甚至過度樂觀，而一旦碰上一個更大的困難便馬上舊病復發，又一蹶不振。儘管每次遇到問題都要重新對待，但它對患者的鉗制作用會減弱，因為他意識到自己實

際上能夠改變。從而，他的動力也隨之增強。在分析過程的開頭，這種動力也許只局限在他小小的願望上，即想擺脫自己最深感不安的症狀。但隨著病人越來越意識到他的桎梏，隨著他體會到自由的快樂，這種動力也愈漸強大。

第十二章　虐待狂傾向

　　被精神官能症的無望感所鉗制的人總是設法以這種辦法或那種辦法「硬撐」下去。如果他們的創造性能力還沒有遭到太大的破壞，他們也許能有意識地退後一步忍受個人生活的現狀，把心思放在自己可以有所作為的東西上。他們可能沉醉在社會或宗教活動中，或熱心於某個團體的事務。他們的工作可能是有用的，儘管他們沒有熱情，但由於也沒有個人追求的干擾，所以也就無傷大雅了。

　　另外有些人在讓自己適應特定的生活模式時，便不再對這種模式提出質疑了，但也不認為這種模式有多大意義，於是只想完成自己的義務。約翰·馬寬德[37] 在其小說《時間太少》（*So Little Time*）中描繪過這種生活。我相信，這種狀態也正是埃里希·佛洛姆[38] 描述為「缺陷」的狀態，用之與精神官能症作對比。不過，我認為此狀態正是精神官能症的產物。

　　另一方面，患者可能放棄一切認真的或有前途的追求，只站在生活圈子的外緣而不進入圈內，想從中取得一鱗半爪的樂

---

[37]　約翰·馬寬德（John Marquand, 1893～1960）：美國作家。——譯注
[38]　佛洛姆的〈個人與精神官能症的社會根源〉（*Individual and Social Origins of Neurosis*），見《美國社會學評論》（*American Sociological Review*）第九卷，第四期，1944 年。——原注

趣，或者在某一嗜好中或附帶的樂趣中表現自己的渴求，如講究吃、穿、酗酒，或偷偷摸摸地做一些風流事。要不，患者會隨波逐流，每況愈下，最後徹底崩潰。他們由於無法從事穩定的工作，便轉而追求吃喝嫖賭。由查理·傑克森[39]在其名著《失去的週末》（*The Lost Weekend*）中所描繪的那種酗酒成癖的狀態，就是以上狀態最末一個階段的寫照。談到這一點，不妨檢查一下這種可能性：患者在無意識中採取了使人格分裂的方法，是否會在精神上極大地促進像結核病和癌症之類的慢性疾病發生？

最後，失去了希望的患者會變得有破壞性，同時又試圖透過代償性生活求得補償。在我看來，這就是虐待狂傾向。由於佛洛伊德把虐待狂傾向看成人的本能，所以，精神分析的重點被集中在所謂虐待狂錯亂（sadistic perversions）上。精神分析師們雖然沒有對日常關係中的虐待模式視而不見，卻也沒有對之進行嚴格的界定。他們把任何自我肯定或咄咄逼人的行為都看成本能的虐待傾向的變種或昇華。誠然，對權力的追求有可能使人帶有虐待性，但如果一個人把生活看成是所有人都在互相爭鬥的戰場，他對權力的追求就只是一種生存競爭。事實上，這完全用不著非變成精神官能症患者不可。由於治療上缺少這種區分，我們既不知道虐待性態度可能採取的形式，也不知道

---

[39]　查理·傑克森（Charles Jackson, 1903 ～ 1968）：美國作家。—— 譯注

究竟什麼精確標準才算是虐待性的。要決定什麼是虐待表現、什麼不是，完全靠個人的直覺，而這種情況無助於準確的觀察。

　　僅僅只是傷害他人，這種行為本身並不表明虐待傾向。一個人一旦陷入個人的或一般性的鬥爭，不僅不得不傷害對手，還不得不傷害盟友。對他人的敵意也可能只作為一種反應而出現。個人可能自覺受了傷害或驚嚇，所以想加倍還擊。儘管客觀上這種還擊超出了挑釁的限度，但在還擊者主觀上，他認為這是理所當然的。然而，我們在這個問題上很容易受騙，常常看起來完全是合情合理的反應，實際上掩蓋著一種虐待傾向。儘管區分二者有困難，但並不意味著作為一種反應而出現的敵意表現不存在。最後，攻擊型患者一直都處於攻勢之中，因為他認為自己是在為生存而鬥爭。我不打算把這些攻擊行為都稱做虐待傾向。雖然受攻擊者受到了傷害，但這種傷害是一種不可避免的副產物，而不是目的本身。簡言之，我們可以說，這裡提到的那些行為儘管是攻擊性或敵對性的，但行為者並沒有卑劣的念頭。他從對別人的傷害中，並未有意識或無意識地感到一種滿足。

　　相反，讓我們考慮一下某些典型的虐待性心態。我們從那些肆無忌憚地表現出對他人的虐待傾向的人身上，最能觀察到這種態度，無論這種人自己對其傾向有無意識。在如下的論述中，我所說的有虐待傾向者，是那種對他人主要表現出虐待性

態度的人。

　　這樣的人可能一心想「奴役」他人，尤其是奴役其夥伴。他的受害者與他的關係是奴隸與超人的關係，這個奴隸不僅沒有願望、感情、主動性，而且對主人沒有任何要求。患者的這種虐待傾向可以表現為對受害者整個人格進行任意的塑造或改造，就像希金斯（Henry Higgins）教授塑造著伊麗莎（Eliza）那樣。[40] 在最好的情況下，這種行為也可以有建設性作用，比如父母教子、教師對學生等等。偶爾，這種作用可見於性關係中，特別是有虐待傾向的一方是更成熟的性伴侶時。有時，這種積極的作用也見於年齡一大一小兩個男性的同性戀關係中。但即使這樣，如果「奴隸」表示出些微自行其是的打算，想自己交友或自己有所追求，那麼主人就會原形畢露，現出凶相。常常，主人擺脫不掉一種占有性的妒忌，並將它用做一種折磨手段。對他而言，這種虐待狂的一個特殊表現就是，對受害者的控制和支配遠比自己的生活更為重要。他可能怠忽職守，放棄結交朋友的樂趣或好處，但絕不讓受控制的伴侶得到絲毫獨立。

　　他對受控伴侶的奴役方式也很有特性。這些方式都是大同小異，而且取決於兩人的人格結構。施虐者會向受虐者施與一點恩惠，至少使受虐者感到這種關係可以維持下去。施虐者甚至會滿足受虐者的某些需求。當然，從精神生活意義上來講，

---

[40]　見於蕭伯納（Bernard Shaw）的《賣花女》（*Pygmalion*）一劇。——譯注

這種給予少得可憐，只能勉強維持受虐一方的最低需求。但施虐者卻會盡力讓對方感受到自己的給予中具有獨一無二的優越性。他會向對方指出，沒有別的人能夠這樣理解他、支持他，給予他這麼大的性滿足，給他提供如此多的興趣。確實可以說，除受虐者以外，誰也無法忍受他。可是，與此同時，施虐者又用將會有的好處來誘惑受虐者。他或暗示、或明說要給對方愛，答應將與其結婚，給對方在金錢、待遇上更多的好處等等。有時，施虐者又向受虐者發誓說離不開他，從而更加增強了自己對受虐者的吸引力。由於施虐者的這種占有性控制以及經常貶低他人，他把受虐者與他人分隔開並孤立起來，所以，他的上述策略變得更加行之有效。如果受虐者變得完全依賴於施虐者，施虐者又可能威脅要離開受虐者。當然，施虐者還可能採用進一步的恫嚇手段，不過那些手段自有其規律，我們將另文詳述。自然，不考慮受虐者的性格特徵，我們無法理解這一關係的發展。受虐者常常屬於順從型，所以害怕被拋棄。或者，他是那種把自己的虐待傾向深深壓抑下去而變得可憐無助的人。關於這一點，下文將加以討論。

　　這種關係必然滋生出的相互依賴性，不僅引起受虐者的忌恨，也同樣使施虐者感到不滿。如果施虐者有較強的孤獨離群的傾向，那麼，受虐者對他事事言聽計從，處處模仿吸收，也只會引起他的惱怒。他沒有發現是他自己一手造成了這種拆不

開、拉不斷的結，卻責怪對方把自己死死抓住不放。在這種時候，他要抽身離去的要求，既表現了自己的恐懼和不滿，也作為威嚇對方的一種手段。

並非所有的虐待狂都渴求奴役他人。另有一類，他們的滿足來自於玩弄對方的感情，就像玩弄一個器具。索倫・齊克果在其小說《誘惑者日記》（*Diary of a Seducer*）中講述了一個這樣的人，他並不對自己的生活抱多大的期望，卻把生活作為一種遊戲並深感興趣。他知道應該什麼時候顯示出興趣，什麼時候顯出冷漠。他能極其敏感地預感和觀察女性對他的反應。他知道怎樣可以激起她們的情慾，怎樣又可以遏制這種情慾。但是，他的敏感只局限於虐待性遊戲的需求，他根本不關心這樣做對女性的生活意味著什麼。在齊克果故事中有意識的老謀深算，其實常常是無意識的。這仍然與上面討論的遊戲屬於同一性質：吸引與拒斥，誘惑與失望，抬舉與貶抑，既帶來快活也造成痛苦。

第三類虐待狂的特點是自私地利用夥伴。利用行為的本身不一定是虐待表現，有可能只是想撈取好處而對他人加以利用。在虐待利用中，獲得好處誠然也是目的之一，但「好處」常常是虛而不實的，而且也根本用不著花那麼大心思來謀取那麼一點靠不住的好處。對施虐者來說，利用行為的本身就是一種嗜好和渴求。重要的是那種體驗——感覺到自己占了他人上風

的那種勝利的快感。這種特定的虐待性色彩表現在患者對他人
進行利用時所採取的手段上。受虐者被直接或間接地置於受支
配的無權地位，施虐者對受虐者的要求不斷升級，並使受虐者
在無法滿足對方要求時自感有罪或可恥。施虐者總能找到理由
認為自己受到了不公正待遇，認為自己的不滿是理所應當的，
因而也認為有理由進一步向受虐者提出要求。易卜生的《海姐‧
蓋柏樂》（*Hedda Gabler*）一劇向我們展現了，這種要求即便得
到了滿足，施虐一方也永遠不會表示感謝。而且這些要求的出
現，正是因為施虐一方意欲傷害對方，使別人俯首就範。這些
要求可能涉及到物質方面的東西，或性的索求，或幫助謀生。
可能是施虐者需要受虐者對自己格外關注，把心整個交出來貢
獻給自己，要受虐者無論何時何地都依順自己。施虐者的這類
需求本身倒不是虐待性所專有，其虐待本質在於：施虐者要求
受虐者以所能採用的任何方法填充一種感情上只是一片空虛的
生活內容。這也清楚地表現在海姐‧蓋柏樂身上，她老是抱怨
生活枯燥乏味，缺少刺激和激動。像吸血鬼似的需從對方吸取
感情能量以滋養自己，這種渴求一般是完全無意識的。但這很
可能就是損人利己的根源，正是由此才產生了對他人的非分
之求。

　　如果我們意識到，與此同時還存在一種想挫敗他人的傾
向，這種利己行為便顯得更清楚了。當然，如果說施虐者從不

想給予，那也錯了。在某種條件下他甚至非常慷慨大方。虐待傾向的一個典型特徵，不是小氣吝嗇，而是一種雖然無意識但卻非常主動活躍的衝動——挫敗他人，粉碎別人的快樂，使別人失望和掃興。受虐一方的任何滿足或興奮都會激起施虐者的惱怒不快，他會以某種辦法挫敗或瓦解受虐者的快樂。比如，如果對方想見他，他便露出不快。如果對方想性交，他便顯出冷淡或出現陽痿。任何積極肯定的事，他或者不做，或者不想做。他處處流露一種憂鬱，一言一行都叫人感到壓抑和不快。這裡摘錄一段阿道斯・赫胥黎[41]的話：「他不用做什麼，僅僅活著，這在他已滿足！他是凋萎乾縮的，因化膿而變黑了。」他還說：「這是一種何等精心修飾過的權力意志！這是怎樣一種穿著淑雅外衣的殘忍！這又是怎樣的一種稀世奇才——它的陰霾居然有如此巨大的傳染性，甚至最好的興致和快樂也會被它擊潰和窒息！」

還有一種傾向與上述虐待表現具有同樣的意義，那便是患者處處想輕視和侮辱他人。他特別熱衷於找別人的毛病，發現別人的弱點並津津樂道於指出這些弱點。他從直覺上就知道別人的敏感處和薄弱點，他傾向於運用直覺無情地貶斥或苛責別人。他可能把自己的這種行徑合理化為坦率誠懇、意在助人；他可能會自認為自己是因為懷疑他人的才能或正直才真正感到

---

[41]　見於阿道斯・赫胥黎（Aldous Huxley）的《時光應有停止時》（*Time Must Have a Stop*），哈珀兄弟版，1944 年。——原注

不安的。但假如別人反過來質問他的這種懷疑是真心還是假意，他便會驚恐不安。患者的這種毛病也可以表現為一種對他人的不信任態度，他會說：「要是我能夠信任那個人就好了！」在他的夢中，那個人不是變成臭蟲就是變成老鼠，他又怎麼能喜歡和信任那個人呢？換言之，不信任別人，其實是自己蔑視別人造成的後果。如果說施虐者意識不到自己對別人的輕侮，那他就只會意識到自己對他人的不信任。恰當地說，這不僅是一種傾向，而是一種吹毛求疵、處處找碴的慾望或怪癖。他不僅專心注意別人有的過失，還極善於把自己的過失外化，從而認為別人有罪。比如，假如他因為自己的言行使別人不安，他馬上會留意到別人的反應，甚至鄙視別人的這種情緒變動。假如受威脅的一方對他不太坦率，他又會嚴厲斥責別人在保守祕密或撒謊。他責怪對方事事依賴他，卻無視正是自己盡了全力把對方變成附庸。這種對受虐一方的無形傷害不僅表現在施虐者的言語上，還伴隨蔑視行為。帶侮辱的、卑劣的性行為也是表現之一。

當施虐者的這些傾向受阻受挫，或局面倒轉過來時，他又會覺得自己是在受壓迫、受利用、被蔑視，從而怒不可遏地發作出來。在他的想像中，無論怎樣報復得罪了他的人，都不能解恨。他恨不得又踢又打，將對方碎屍萬段。這些發瘋般的虐待狂表現也可能被他壓抑下去，代之而起的是一種極度的驚惶

或某些身體功能障礙，這表示內心的張力已大大增強。

　　那麼，這些虐待傾向意味著什麼？患者內心究竟有什麼迫切需求，才驅使他表現出這一類殘酷行為呢？事實上，那種關於虐待狂只表現了性慾錯亂的假設，是毫無道理的。誠然，虐待傾向是可以表現在性行為中的。在這一點上，所有病態傾向毫無例外地遵守一條普遍規律，即我們的一切態度都必然在性領域內有所表現，正如它們也必然表現在我們的工作方式、舉止、書寫的字體等上面。另外有一點也是真實的，即許多虐待狂表現都伴隨某種激動或興奮，或如我多次說過的，伴有一種銷魂奪魄的狂熱。然而，就此得出結論，說這類興奮或激動在性質上是性慾的，那就與另一種糊塗論點如出一轍了。另一種糊塗論點是：一切激動都是性的激動。但是，根本找不到證據能證明這種泛性慾主義觀點是言之有理的。從現象學上說，虐待狂的興奮與性的放縱這兩種感受在本質上是決然不同的。

　　認為虐待衝動是嬰兒時期虐待傾向的延續，這一斷言有一定的吸引力，因為小孩對動物或更幼小的孩子常表現出殘忍並顯然從中感到樂趣。只看到這種表面的相似，有人也許會以為，成人的虐待狂只是孩童本性殘忍的發展。但事實上那不是發展，那是一種不同類的虐待傾向。我們已看到，比起兒童的直率殘酷，成人的虐待狂表現自有兒童所不具有特性。兒童的殘酷行為似乎只是一種比較簡單的反應 —— 對受壓與受屈的反

應，他把報復施在更弱小的人事物上而肯定自己。而成人的虐待狂性質更為複雜，有著更為複雜的根源。此外，上述那種似乎有理的斷言，像所有其他動輒便以兒時經歷來解釋成人反常表現的理論一樣，避而不答一個最重要的問題：導致早期殘忍行為持續發展的因素到底是什麼呢？

上述那些斷言只專注於虐待狂的某一個方面。一種只看到性慾，另一種只注意殘忍。但它們甚至連這兩種特點也無法解釋。同樣的缺陷也見諸於埃里希・佛洛姆所提出的解釋中[42]，雖然他的解釋比其他人更接近本質。佛洛姆指出，有虐待狂的人並不想要毀掉那個他依附於其上的人。但由於他無法獨自生活，他必須利用受虐者來完成一種共生性的生存。這當然很正確，但還是不足以解釋一個人為什麼非要強迫性地把自己與別人的生活糾纏在一起，或者說明這種干預為何採取那種具體的形式。

如果我們把虐待狂看作精神疾病症狀，我們照例不能先試圖解釋症狀，而應該盡力去理解產生這種症狀的那種人格結構。當我們從這一角度來看待問題時，我們可以發現，只有感到自己的生活無用又無意義的人，才會發生明顯的虐待狂傾向。遠在我們用臨床檢查手段把這種病狀找出來之前，人們早就從直覺上意識到這種潛藏的狀況了。在海妲・蓋柏樂與她的

---

[42]　見於佛洛姆的《逃避自由》(*Escape from Freedom*)，萊因哈特版，1941年。——原注

誘惑者身上，使自己有所作為，使生活帶有意義的任何可能性幾乎都談不上了。在這種狀態下，如果一個人找不到妥協的退路，必然會變得忌恨一切。他感到自己永遠受排斥、永遠打敗仗。

因此，他開始憎恨生活，憎恨生活中一切積極的、正面的東西。但他對生活的恨又帶有一種燃燒般的忌妒，像一個人渴求某物而又無法立即獲得所感到的忌妒一樣。這是一個惱怒、失意的沮喪者發出的忌妒，他感到生活就從自己身邊溜過去。尼采將這種狀態稱為「Lebensneid」，德文中也是忌恨之意。這種人感覺不到別人也有別人的不幸，他只覺得「他們」的盤中有肉而自己腹中空空。「他們」在戀愛、創造、歡悅，在享受康樂舒適，有所歸宿。「他們」的幸福和對快樂的追求只會激怒他。如果他感受不到幸福和自由，為什麼他們應該感受到？引用杜斯妥也夫斯基（Dostoevsky）筆下的《白痴》（The Idiot）的話來說，他無法原諒他們那種幸福。他必須把他人的快樂踩到腳下。他的心態從那位得肺結核的教師身上形象地表現出來，那位教師向學生的點心吐口沫，並因為自己能把那些麵包捏得粉碎而狂喜。當然，那只是一種報復性忌妒的有意識行為。在虐待狂身上表現出的挫敗和破壞他人情致的這種傾向，通常是深藏於無意識之中的，但其目的與那位教師的目的一樣卑劣，那就是，讓別人來分擔自己的不幸。如果別人像他一樣被擊敗並

從而墮落下去，他便覺得好受多了，因為他不再覺得是自己一個人在受罪。

　　另一個他用來緩解自己刻骨銘心的忌妒的手段，是「酸葡萄」策略，而且他運用此法是如此地高明，甚至訓練有素的觀察者也會受騙。事實上，他把妒忌深深埋藏，甚至如果別人提說或暗示了這種忌妒的存在，他也會大加諷刺。他對生活的痛苦、沉重、醜惡一面的專注，不僅表現了他的忌恨和失意，更表現了他有心向自己證明他不會漏掉任何事物。這種心態使他時時挑他人毛病、貶低他人。比如，他會注意到一個美麗的女人身體某一部位的缺陷；進了一間屋子，他會注意到房間的某個顏色或某件傢俱與其餘的不相協調，他會發現一個出色報告中的不足之處。同理，別人生活中的差錯，性格中的毛病和可能的動機，都會使他耿耿於懷。如果他善於強詞奪理，他會把這種傾向看成是自己對不完美事物極為敏感。但事實上他只專注於這些東西，卻視而不見其餘的一切。

　　雖然他得以緩和自己的忌妒，釋放出自己的忌恨，他的這種無處不貶斥他人的態度反過來產生出一種持續的失望與不滿。比如，如果他有孩子，他主要想的是沉重的負擔和責任；如果他沒有孩子，又覺得人生中最重要的東西沒有得到；如果他沒有性關係，他覺得自己被剝奪了什麼，對節慾的可怕前景又感到憂心忡忡；如果他有性關係，又感到恥辱，認為那使自

197

己顯得動物般低下。如果他有機會外出遊玩，他會對各種不方便嘮叨不停；如果閉門不出，他又認為不得不待在家裡是失面子的事。由於他不知道自己長期不滿的情緒根源恰恰在內心深處，他便覺得有理由使他人明白，是他們負我，而且還認為自己理所當然地應該向他人不斷提出要求，但即使達到了這種要求，他也永遠感到不滿足。

那種帶恨的忌妒，貶低他人的傾向以及由此而產生的不滿，解釋了虐待狂傾向。我們現在明白了，虐待者何以非要去挫敗他人不可，何以要給人傷害、找人麻煩，而且不斷要求這、要求那了。但只有在我們發現他的無望狀態給自我造成的結果後，我們才能了解他的破壞性程度，了解他的盛氣凌人、自以為是的態度。

儘管他違背了人性美德的最基本要求，在他心目中同時卻供奉著一個又高大、又絕對的理想化道德標準。他是我們前面討論過的那一類人，這些人由於達不到那種高而全的標準便灰心喪氣，於是有意識或無意識地決定「以爛為爛」，自暴自棄，並在這種劣行中體會到一種絕望的快意。但這樣一來只加大了理想標準與實際自我之間的裂痕。他覺得自己已經無可救藥，無法原諒了。他對希望的喪失感深化了，於是像一個再無所失的人那樣在劣行中滑下去。只要這種狀態繼續下去，他事實上就不可能對自己持一種新的、建設性的態度。想使他變得積極

的任何直接的企圖必然都毫無結果，反而只暴露出治療者對他的狀況還是一無所知。

他的自我厭惡會發展到無法正視自己的地步。為了使自己振作堅強起來，他必須把已有的自以為是的甲冑再層層加厚。他人的一點批評、忽視或未對他給予特別注意，都可能引發他的自卑感，所以他必須把這些作為不公正而拒斥不納。因此，他被迫把自己的自卑外化，轉而責怪、排斥、侮辱他人。然而這又把自己陷進了惡性循環的痛苦之中。他越是蔑視他人，便越是意識不到自己的自卑感，而這種自卑感越是強烈，他就越是無望。對他人的攻擊於是成為自我維護的需求。這種過程在前面的例子中已有說明，那位女患者指責自己的丈夫猶疑不決；而當她意識到她實際上是在對自己的猶豫態度感到惱怒時，就恨不得把自己撕成碎片。

以這種觀點來看問題，我們開始理解，為什麼有虐待狂的人無法不詆毀他人。我們現在也能夠明白了，患者的邏輯正是一種強迫性的、常常盲目的傾向，即要改造別人或至少改造他的夥伴。由於他自己達不到他的理想，他的夥伴必須達到才行。他將對自己的無情惱怒發洩到夥伴頭上，尤其是對方顯然有違於那種理想化意象時。施虐者有時會自問：「我為什麼不停止對他的干預，讓別人自行其是？」但是，顯然這種合乎理性的思想無法左右他的行動，因為內心的衝突還在進行並被外化。

他通常把施與夥伴身上的壓力合理化為「愛」或「關心夥伴的成長」。無需贅言，這並不是愛。這也不是旨在使夥伴依照自己的天性，遵循自己的規律得以發展。事實上，施虐者強加在受虐者身上的，是一種無法實現的目的，即實現施虐者自己的理想化意象。他為了排除自卑而建立起來的自以為是的態度，使他有一種自鳴得意的信心，去達到他的目的。

理解了這種內心的鬥爭，我們就更能透視虐待狂症狀所固有的另一個更普遍性的因素：報復性。這種報復的傾向像毒汁一樣浸透了他人格中的每一塊細胞。他必須是報復性的，因為這樣才能把強烈的自卑趕出內心世界。由於他的自以為是使他覺得麻煩苦惱不應該與他沾上邊，所以他便認為那是別人虐待了他，害苦了他；由於他不明白自己沮喪失望的根源在自己內心，他自然把責任歸咎於他人。在他看來，是別人毀壞了他的生活，他們必須做補償，必須自食其果。正是這種因素，窒息了他內心所有的同情和憐恤。為什麼我要同情那些毀了我生活的人？何況他們過得比我快活！在針對具體不同的個人時，他的報復慾望是有意識的。他沒有意識到的是，這是一種浸透了他整個人格的病態傾向。

我們如此地觀察有虐待狂傾向的人之後，看到了他是這樣一種人：因為他感到自己被別人排斥在外，注定倒楣，於是便倒行逆施，盲目地將報復性惱怒發洩到別人身上。我們現在也

懂得了，他透過使別人不幸，試圖緩解自己的痛苦。但這還不是全部解釋。單是破壞性傾向還無法解釋這麼多虐待狂表現所特有的那種忘乎一切的追求。必定還有某些更肯定的好處，某些對施虐者來說意義重大的好處，才驅使他有那一切表現。我們這樣說，似乎與我們先前的斷言有矛盾，即先前認為虐待行為是喪失希望後的產物。一個不再懷有希望的人怎麼還能夠有所希望、有所追求，而且是以這樣的執著與狂熱進行追求呢？然而事實是，患者主觀上認為，他不僅平息了難以忍受的自我鄙視，同時還給自己造成了一種優越的感覺。當他鑄造別人的生活模式時，他不僅獲得一種令他鼓舞的權力感，還找到了一種自己生活的替代意義。當他在情感上利用別人時，他為自己提供了一種代償性感情生活，這大大減弱了對自己的貧乏空虛的感受。當他擊敗別人時，他得到了一種勝利的興奮，這自然使他忘掉了自己可憐的失敗。這種對復仇性勝利的渴求，也許是他最強大的動力。

他所有的追求也同樣是為了滿足自己對激情與興奮的飢渴。一個健康的、心理平衡的正常人並不需要這樣的興奮。越是成熟的人，越不在乎那種興奮。但虐待狂患者的感情生活是空虛的。除了憤怒和勝利之外，幾乎所有其他感覺都已被窒息了。他是一個雖生猶死的人，需要那些猛烈尖銳的刺激才感到自己是個活人。

　　最後還有一點很重要。他對別人的虐待能給他一種力量感和自豪感，這便更加鞏固了他無意識的自我萬能感。在分析治療進程中，患者對自己表現的虐待傾向所持的態度，經歷著深刻的變化。當他第一次意識到那些傾向時，他似乎會以一種批判的態度來看待自己的傾向。但他暗示的這種摒棄錯誤的打算，並非真心誠意。他只是在口頭上承認大眾通行的標準。他可能不時有自我厭惡的感覺。不過，到後來，正當他打算放棄虐待狂生活方式時，他又可能突然感到自己要失去一個寶貴的東西了。那時，他會初次有意識地體驗到一種因為能對別人為所欲為而感到的興奮。他可能開始擔心，分析只會證實自己是可卑的弱者。我們在分析中常可見到這種憑主觀產生的顧慮。分析治療後，一旦把患者驅使別人為自己服務的那種力量剝奪掉，他便看到了自己的一副可憐相，到一定時候，他會意識到，自己從虐待行為中取得的力量感和自豪感只是可憐的替代品。但他覺得這種替代物很寶貴，因為真實的力量與自豪對他是可望而不可及的。

　　我們明白了這些收穫所具有的性質，便可知道，我所說的喪失了希望的人也可能狂熱地追求某些目標，這並不與前面的斷言相矛盾。但他指望的不是更大的自由或更好的自我完成，造成他無望狀態的因素依然沒有變動，他也不要求改變。他所追求的只是替代物。

　　他感情上的收穫也是經由替代方式而得到的。做一個虐待狂，這意味著在生活中對他人富於攻擊性和破壞性。但對生活中的徹底失敗者說來，這是他能夠採取的唯一方式。他追求目標時表現得不顧一切，正是因為感到絕望。由於他再沒有什麼可以失去，他只會有所獲取。從這一意義上說，虐待狂努力是有肯定的目標的，所以應該被看作一種旨在補償的努力。他之所以如此狂熱地追逐目標，是因為在占了他人上風的時候，虐待狂患者就可以忘掉自己受挫的沮喪和失望。

　　這些追求中的破壞性因素只會給患者本人帶來反作用。我們已經指出了那種越來越嚴重的自卑感。另一個同樣有意義的反作用是使患者產生焦慮。這部分是由於懼怕受虐者反戈一擊進行報復，他害怕別人會以其道還治其身。在他的意識中，這種憂慮只表現為他理所當然地認為別人總想整他，即是說，如果他不經常保持攻勢以防他人侵犯，自己就會吃虧。他必須高度提防，隨時預見，察覺出可能向自己發起的進攻，不論自己的實際目的是什麼，都是神聖不可侵犯的。他這種無意識中確認的自我神聖性是很有作用的，這使他有一種不可侵犯的安全感。他絕不會受到傷害，絕不會暴露弱點，絕不會發生意外，絕不會感染疾病。的確，他是絕不會死的。如果他仍然受到傷害，無論是因他人還是因為客觀而引起，他的這種偽安全感便一下被擊碎了，他便可能惶惶不可終日。

203

在某種程度上，他的焦慮是對自己內心的爆炸性和破壞性因素的恐懼。他覺得自己像是隨身攜帶著一個爆烈炸彈，因此不得不發揮極度的自我控制和一刻也不能鬆懈的警惕性，才能把危險因素嚴加控制，不讓它們造成危害。可是假如他自忖酒量大而好酒貪杯，那些因素便會掙脫控制出現在表面，那時，他可能具有極大的破壞性。在特殊情況下（比如對他來說是一種誘惑的東西），他的危險衝突也可能被自己意識到。這樣，左拉（Zola）的《人面獸心》（*La Bête Humaine*）一書中的虐待狂在受到一個女性的吸引時反而感到恐懼，因為這激起了他想殺掉她的謀殺衝動。患者在目睹意外事件或殘忍行為時，也會受到恐懼的襲擊，因為那些景象反而喚起了他的破壞衝動。

自卑和焦慮，這兩種因素是虐待衝動被壓抑的主要原因。壓抑的深度和廣度則各有不同，破壞性衝動常常只是意識觸及不到罷了。大體而言，非常令人吃驚的是，患者本人一直對自己表現出的虐待狂傾向毫無所知。他只偶爾意識到自己有時產生想虐待一個弱者的慾望，意識到自己在讀到他人的暴虐行為時感到一種激動，或意識到自己有顯然屬於虐待狂性質的瘋狂念頭。但這些散置的意識相互沒有連繫起來，他在日常生活中對別人的所作所為主要是無意識的。他對自我、對他人的麻木感，正是遮蔽問題的因素。只要他的感情麻木狀態沒被解除，他便無法從感情上體驗到自己的作為。同時，由於他自圓其說

以掩蓋虐待事實，他的詭辯不僅達到自欺的目的，還常常能夠欺騙他人。我們不能忘記，虐待狂是嚴重精神官能症的最末階段。所以，詭辯的具體表現取決於特定的精神官能症結構。比如，順從型奴役夥伴，他無意識中還以為是在愛。他有什麼需求，就有什麼要求。因為他是這麼可憐無助，充滿恐懼又體弱多病，他的夥伴就應該為他服務。因為他忍受不了孤獨，夥伴就應該一直不離開他。他的責怪也是間接表現出來的，他總是無意識地向人說明，別人給了他多少苦頭。

攻擊型患者毫無偽裝地表現自己的虐待傾向，但這並未代表他就是有意識的。他毫不遲疑地表現出不滿、蔑視、要求，但他不僅覺得自己完全有理，還覺得自己很坦率。他還把對他人的忽視外化，把利用他人的這一行為外化，威脅他人說，是他們虐待傷害了他。

疏離型在表現虐待傾向時，唯獨顯得溫和客氣。他以無聲無形的方式挫敗別人，以他隨時打算抽身退出的姿態使別人感到不可依靠，暗示自己正受他們的糾纏或打擾，看到別人出醜便心中暗暗痛快。

然而，虐待衝動還可以更深地被壓抑，於是代之而起的便是一種所謂反向的虐待（inverted sadism）。這種情況是：患者由於過分懼怕自己的衝動，便退守自我，盡量不讓自己的衝動暴露出來，讓自己或他人察覺。於是，對任何類似自我肯定、攻

擊敵意的東西他都退避三舍，從而陷入廣大而深沉的限制之中。

　　總而言之，自我退守，避免奴役他人，結果是失去了要求的能力，更談不上負責或自居領導職位了。這種退守自我使人處處謹言慎行，甚至連最合乎情理的妒忌心也被壓抑下去了。仔細觀察後便會發現，這種患者在事情不如意時不是頭痛胃痛，便有其他病狀。

　　自我退守，避免利用他人，結果導致自我抹殺。其表現是不敢表達任何意願，甚至不敢有願望；不敢抗拒虐待，甚至不敢覺得受了虐待。處處總以為別人的期待或要求比自己的更合理或更重要；事事寧肯被人利用，而不願維護自己的權益。他處於惡魔與天使之間的兩難境地。他因為自己想利用他人而感到畏懼，又因為不敢利用他人而覺得可鄙，認為那是怯懦的表現。當他被利用時 —— 自然有這種情形 —— 他便陷入無法解決的困境，他會有的反應便可能是憂鬱或某種功能紊亂。

　　同理，他不但不去挫敗他人，還生怕他人失望，表現出過分的周到和寬厚。他會小題大作地避免任何可能傷害他人感情或使他人受辱的事。他會直覺地找到一些「好」話來說，比如一句讚美，只要能鼓舞別人的自信心就行。他趨向於自動承擔全部罪責，不斷唸著道歉的話語。如果非要他進行評論不可，他也會以最委婉的方式來完成。甚至在受別人虐待時，他也毫無二言，只表示「諒解」。但與此同時他實際上對所受的委屈非常

敏感，因而內心萬分痛楚。

　　情感上的虐待衝動在深深受壓抑的狀態下，便產生一種認為自己無法吸引任何人的感覺。這樣，一個人會真心實意地相信他無法吸引異性，自認只得滿足於別人留下的殘湯剩羹，儘管有證據表明實際情形恰好相反。這裡談到的低人一等的自卑感，正是患者所意識到的東西，也正是他自我鄙夷的表現。患者認為自己無吸引力的這一事實，這可能是他對一種令他激動的誘惑——對人的征服或拒斥——所產生的無意識退縮。經過醫生的分析，如下情形會逐漸明朗化，即患者已在無意識中虛構了他對於愛的整個圖畫。於是一種有趣的變化隨即發生了：「醜小鴨」意識到了自己吸引人的慾望和能力。但一當別人認真對待他的主動要求時，他便又帶著怒火與藐視掉頭而去。

　　由此產生的人格表現是一種假象，也難於去評價。它與順從型有令人吃驚的相似。事實上，公然的虐待狂通常屬於攻擊型，而反向的虐待狂則一般先表現出屈從的傾向。它與前者的相似之點在於：在孩童時代，他遭受過暴虐，並且被迫屈服。他可能為他的感情披上偽裝，於是，他不是起而反抗壓迫者，而是轉而愛他。隨著年齡的增長——也許是青春期左右——這種衝突變得不可忍受，於是他退縮到孤獨中去尋求安慰。但當他面臨失敗挫折時，他再無法忍受自己的象牙塔孤獨狀態。他似乎回復到先前的依附狀態，只是有一點不同：他對溫情的

渴求變得如此強烈，甚至願意不惜一切代價來逃避孤獨一人的處境。同時，他得到溫情的機會越來越少，因為仍然存在的孤獨要求持續地干擾他與人親近的慾望。他被這場鬥爭弄得精疲力竭，於是喪失了希望，產生了虐待他人的傾向。但他仍然需要他人的溫情，所以他不僅壓抑自己的虐待衝動，還不得不把這種衝動完全藏匿起來。

在這種狀態下，他與人相處是非常艱難吃力的，雖然他自己可能意識不到。他顯得矯揉造作，覥腆而膽怯。他必須隨時扮演與自己的虐待衝動相反的角色。自然，他自己認為他是在愛別人，所以在分析治療時，當他一下醒悟並意識到他對別人並沒有感情或至少不清楚自己的感情是什麼後，便會大吃一驚。此時，他可能將這種明顯的缺乏感情看作一種不可變更的事實。但實際上他僅僅是在放棄那種對人有良好感情的假象，無意識地寧可不去感受，也不正視自己的虐待衝動。對他人的良好感情只有在他看到了這些衝動並開始克服它們時才會開始形成。

然而，訓練有素的觀察者不難看出，這種狀況中某些因素標明了虐待傾向的存在。首先，他總是以不易察覺的方式在威脅、利用、挫敗他人。他總是有一種雖無意識但卻顯然可見的對他人的蔑視，他很膚淺地把這種蔑視歸結為別人比他低劣。另外，他還有一系列自相矛盾、前後不一的表現，也說明

虐待傾向的存在。比如，患者有時以驚人的耐心忍受別人對他的虐待，而在另一些時候又對所受的最輕微支配、利用、屈辱顯出過分敏感。最後，他給人一種「受虐狂」的印象，即沉迷在被傷害之中並且甘願受虐待。但由於這一術語及其所含的概念容易使人造成誤解，我們最好不用它，而只描述涉及到的諸種因素。由於患者整個身心都處於壓抑之中而無法自我肯定，他在各種場合下都欣然受害。但是，由於他對自己的軟弱深感不安，他事實上常常被公開的虐待狂所吸引，既欽佩又憎惡他們，就像後者注意到他是一個自甘受虐的人、從而也被他所吸引一樣。這樣，他把自己置於被利用、遭挫折、受屈辱的境地。然而，他並不欣賞這種受虐待的處境，只感到苦不堪言。這種生活所給予他的，只是一種透過別人來實現自己的虐待狂衝動的機會，這樣就不需面對自己的虐待傾向。他這樣便能自我感到純潔無邪，並對他人的暴虐義憤填膺。但他同時又暗暗希望有朝一日他能戰勝現在虐待他的人，他將把那個人踩在腳下。

佛洛伊德注意到了我們說到的這種情形，但他用毫無根據的概括把自己的發現推而廣之，反而弄巧成拙。為了把這些現象納入他的整個哲學框架，他認為這些現象證明了，無論一個人的表面有多優秀，他固有的本性也是破壞性的。但實際上，這些狀況正是特定精神疾病下的特定產物。

回顧本章開頭討論過的某些觀點，可知我們已走了很長一段路。那些觀點中，有的把虐待狂患者看作性慾錯亂者，有的用研究術語稱他為卑鄙邪惡者。性錯亂是較為鮮見的，它們出現的時候，也只是患者對他人的整體態度中的一種表現而已。破壞性傾向誠然不可否認，但理解了它們之後，我們看到的是，在表面非人性的行為背後，有一個受著痛苦的人。有了這一認識，我們發現的是一個在絕望中掙扎的人。生活擊敗了他，而他尋求著代償。

結論　精神衝突的解決

　　我們越是意識到精神衝突會給人格造成什麼樣的傷害，就越是迫切地需要真正解決那些衝突。但是，正如我們現在已經了解到的，靠理智的決定、靠迴避、靠意志力，都無法解決問題。該怎麼辦呢？只有一個辦法：要解決衝突，只有改變人格中那些造成衝突的狀態。

　　這個激進的辦法，也是一種強硬的手段。考慮到在改變我們內心的任何東西時所涉及到的困難，便完全可以理解我們應該千方百計尋找一條捷徑。或許，這就是為什麼病人和其他人常常問：「是不是看到了自己的基本衝突就夠了？」回答顯然是：「不。」

　　即使心理醫生在分析過程的初期就看出病人處於分裂的狀態並能幫助他意識到這種分裂，這種洞見還是無法立見成效。它或許可以帶來某種緩和，因為病人開始看到自己的苦惱有捉摸得到的緣由了，而不是像先前那樣失落在神祕難測的迷霧中。但是，病人無法把這種洞見用於自己的生活。儘管他知覺到內心各個不同部分之間的相互衝突，他還是照樣處於分裂狀態。他從醫生那裡接受了這些事實，就像一個人聽到一個陌生

211

的消息；這些事實雖真，但他並沒有意識到它們與自己有何關係。由於他思想上有許多無意識的保留，結果他得到的洞見也被抵消了。

在他的無意識中，他會堅持認為心理醫生是在誇大他的衝突。如果不是外界干擾，他早就沒有什麼問題了。愛情或事業的成功會使他甩掉不幸，他可以不與人發生接觸而避免衝突產生。雖然一般人的確無法做到一僕二主，但他以他巨大的意志力和聰慧卻能同時應付兩個主人。或者，他會無意識地覺得心理醫生是江湖騙子或好心的傻瓜，故意裝出一種自信的樣子，卻根本不知道病人已無藥可救。病人這種看法剛好意味著：對醫生的建議，病人只表現出自己的絕望感。

病人這種思想上的保留表明：他執著地堅持自己特有的解決辦法（這些對他來說比衝突本身更實在）。或者，他已完全洩氣，不再指望恢復正常。所以，醫生必須先檢驗病人的試圖和這些試圖的後果，才能卓有成效地對付病人的基本衝突。

要尋找捷徑，就產生了另一個問題，這個問題由於佛洛伊德強調遺傳性而變得更為重要：「在察覺到這些衝突的傾向後，尋找它們的根源並連繫童年時代的表現，是不是就足夠了？」回答仍然是：「不。」理由還是與上面所說過的幾乎一樣。即使患者仔細回憶了早期的經驗，他也無所改進，只是對自己採取一種更寬容和更原諒的態度，絲毫無助於緩和目前的衝突。

全面了解早期環境的影響及其造成兒童人格的改變，儘管沒有什麼直接的治療價值，但在我們調查導致精神上衝突的各種條件時，卻有某種作用。[43] 畢竟，正是他與自我、與他人關係的改變，才最先引起了衝突。我在已經出版的論著中已描繪了衝突的產生，[44] 本書前面的章節也有討論。簡言之，一個小孩可能發現自己內心的自由受到威脅，發現所處的境況有害於他的主動性、安全感和自信心；即發現他精神存在的核心受到了威脅。他覺得自己孤立無助，所以他與別人發生關聯時不是取決於他真正的所感所想，而是取決於迫切的需求和對利害的考慮。他無法簡單地喜歡或不喜歡、信任或不信任、表明自己的意願或反對別人的想法，所以不得不想方設法對付別人，採取對自己危害最小的方法來與人周旋。這種生活方式的最根本特徵，可用如下的話來總結：與自我和與他人的疏離、可憐無助的感覺、遍布的畏懼，以及在人際關係中的敵對性緊張——包括普遍的提防和特定的仇恨。

只要存在這些狀態，精神官能症患者就不可能消除他的衝突傾向。相反，所產生的內心需求隨著精神官能症的發展變得更強烈。事實上，這種虛假解決辦法在他與自己、與他人的關係中增加了紊亂，這意味著真正的解決越來越不可能。

---

[43]　眾所周知，這一知識也有巨大的預防價值。如果我們知道什麼樣的環境因素有助於兒童的發展、什麼因素又會阻礙這種發展，我們就能打開一條門路，預防後代產生大量精神官能症病例。——原注

[44]　參見卡倫・荷妮：《精神分析的新途徑》第八章，以及《自我分析》第二章。

　　所以，治療的目標鎖定於改變這些狀態本身。必須幫助患者自己去改造自己，去意識到他真正的感情和需求，去發現他自己的價值觀，以及在他真實感情和信念的基礎上與他人相處。如果我們真能奇蹟般做到這一點，那些衝突便不攻自破了。由於沒有奇蹟會自行發生，我們必須知道，應該採取什麼步驟才能促成所希望的這種變化。

　　每一種精神官能症，無論其症狀顯得怎樣奇特，實際上都是性格障礙。既然如此，那治療的任務便是分析整個精神官能症的性格結構。因此，我們越是清楚地界定了這種結構及其個體之間的差異，就越是能精確地勾劃出需要完成的工作。如果我們把精神官能症看作患者圍繞著基本衝突建立起來的保護性防禦工事，就可以粗略地把治療工作劃分為兩大部分。一是詳細檢查某個患者為解決衝突所做的無意識努力，以及這些努力對他整個人格的影響。這包括研究他的主要態度、理想化意象、外化作用等等，而不考慮它們與暗藏的基本衝突的具體關係。我們若假定在衝突變得明確之前，一個人是不可能理解和處理這些努力因素的話，那就會造成誤解。因為，儘管這些努力產生於患者協調衝突的需求，它們卻有自己的生命、意義和影響力。

　　第二個部分是處理衝突本身。這不僅指讓病人意識到他精神衝突的大略概況，還包括幫助他看清這些衝突是如何具體發

生作用的。這就是說，要使他知道，他相互矛盾的傾向及由其
而生的態度，這兩者之間是怎樣在具體事例中相互干擾的。比
如，他有屈從的傾向，而這種屈從性又因為他有反向的虐待狂
傾向而大大增強，這時他就應該意識到，正是這種屈從傾向阻
礙了他在運動中無法取勝、競爭中無法成功，而同時他想戰勝
他人的慾望又使勝利成為非有不可的東西。又比如，他應該懂
得，他的禁慾主義有諸多根源，而這種抑制又正與他對同情、
愛與快樂的需求相矛盾。我們應該使他明白，他是怎樣從一個
極端跳到另一個極端的。比如，他是如何時而對自己過分嚴格
拘謹，時而又過分寬容放縱；又比如，他的虐待傾向如何加強
了他對自己的外化需求，而這需求又與他的另一需求相衝突（即
他又想顯得博識而仁慈），結果他對別人的所作所為一會譴責、
一會原諒；又比如，他如何在自認為享有一切權力與自認不該
有任何權力這兩種態度之間搖擺不定。

　　不僅如此，分析工作還包括向患者解釋，他試圖達到的妥
協是不可能的。比如，他可能會徒勞地試圖把自私與慷慨、攻
擊與關懷、支配與犧牲等結合成一體。這種治療也包括幫助他
意識到他的理想化意象、外化行為等等，是如何掩蓋了他的衝
突、暫時緩解了衝突的破壞性力量的。總而言之，這種治療就
是讓病人徹底理解他的衝突和那些衝突對他人格的普遍影響，
以及它們如何造成了他的種種症狀。

　　一般說來，在醫生進行這種分析的每一個階段，病人都有不同的抗拒方法。在分析他為解決衝突所做的努力時，他堅決捍衛他的態度和傾向中固有的主觀價值，所以不願透視其真正的性質。在分析他的衝突時，他只想證明他的衝突根本不是衝突，因而無法發現他特有的傾向實際上是相互矛盾的。

　　至於說到應該依什麼順序來分析病症，佛洛伊德的建議有著最高的意義。他把醫學治療原則運用於分析，強調在處理病人的問題時有兩點很重要：醫生的解釋應該是有益的，以及這種解釋不應該是有害的。換言之，心理醫生必須想到的兩個問題是：病人在這個時候知道了真相，承受得了嗎？還有，這種解釋對病人有無意義，會不會促使他進行建設性的思索？我們現在仍然缺乏的，就是沒有具體的標準去判定病人能夠承受的程度，以及究竟是什麼促進了他的建設性洞見。不同病人之間的性格結構差別太大了，無法死板地定出何時才是給予解釋的最好時機。但我們應遵循的大致準則是：只有在病人的態度上有了特定的改變，才可以有益而且不冒無謂之險的方式來探討他的某些問題。在此基礎上，我們可以指出幾個總是可以採取的措施：只要病人還在一意追逐那對他意味著救星的幻影，即使醫生向他指出他的主要衝突，那也仍然沒有用處。他必須先看到，這些追求是無用的，只干擾了自己的生活。醫生應該用極端簡明扼要的語言先分析病人試圖解決衝突所進行的努力，

而不是先分析衝突本身。當然我不是說絕對不能提到衝突。醫生應該如何謹慎從事，這取決於整個精神官能症結構的脆弱程度。某些病人如果過早看到自己衝突的真相，會驚惶不安；對另外一些病人來說，醫生指點太早是毫無意義的，因無法對病人產生任何作用。不過從邏輯上講，我們無法指望當病人還沒有放棄自己的解決辦法，而且還未有意識地希望靠這些辦法解決問題時，他會對自己的衝突表現出興趣。

　　另一個應該謹慎對待的，是理想化意象。我們這裡限於篇幅，無法詳述在什麼條件下可以在早期階段觸動這種理想的某些方面。然而，小心是必要的，因為理想化意象常常是患者唯一感到真實的方面。不僅如此，理想化意象可能是唯一能使病人得到一種自尊並使他免於淹沒在自我鄙棄之中的東西。病人必須已獲得一定程度的現實性力量，才能忍受拆除他理想化意象的治療。

　　在分析過程的早期就試圖對付虐待狂傾向，肯定毫無益處。部分原因是由於這些傾向與患者的理想相去太遠，恰好形成對照。甚至在分析過程的後期，病人意識到自己那些虐待傾向時，也常常感到恐怖和厭惡。但還有一個更重要的理由使我們把這種分析推遲到病人已不那麼絕望和已不再一籌莫展以後：當他還在無意識地確信替代性的生活方式是他唯一能採取的東西時，他是不會有興趣去探討自己的虐待傾向的。

在根據患者特定的性格結構而決定運用不同的解釋時，也可運用以上的時機準則。比如，一個病人主要表現出攻擊傾向，他認為感情是軟弱的象徵，應加以鄙棄，而對任何顯出強大的東西則表示傾倒。那麼，醫生就應該先分析他的這一態度及其下面掩藏的東西。如果先考慮他對親近的需求，那將會被誤導，即使這一需求在心理醫生看來是何等明顯。病人會把醫生的一舉一動看成對自己安全的威脅而憤然牴觸。他覺得他必須提防醫生想把他變成「良家子弟」的打算，只有當他變得更堅強時，他才能忍受自己的屈從和自我抹殺傾向。對這樣一個病人，醫生還得等待一段時間才能觸動他的絕望問題，因為他可能會拒不承認有這種絕望感。他覺得，承認自己的無望，就等於是暴露出可厭的自我憐恤，坦白了自己的可恥失敗。相反，如果患者主要是順從傾向，醫生就應該先分析他「親近他人」的表現，然後才能觸動他的支配和報復傾向。又比如，如果一個病人把自己看成一個大天才或者偉大的戀人，那想分析他對遭受蔑視和拒斥的恐懼，就完全是在浪費時間。如果還想分析他的自我鄙夷，則更是徒勞。

有時，治療初期所能接觸的問題很有限。這種情形尤其見於如下這種病例：病人把高度的外化作用與僵硬的自我理想化結合了起來，使他不承認自己有任何缺陷。如果治療師察覺到這種狀況，節省時間的辦法就是避免做任何例如病因就在患者

自己身上的暗示，哪怕是最隱晦的暗示也不行。不過，在這個階段倒是可以觸及理想化意象的某些方面，比如患者對自己的過分要求。

如果醫生熟悉精神官能症性格結構的驅動力，那將有助於他更快、更準確地掌握病人在與他人的交際中想要表現的是什麼，從而知道什麼時候他應從哪個問題入手。他將能從表面看來無足輕重的症狀上預見和洞察患者人格的所有層面，從而把注意力指向應該注意的東西。他所面臨的局勢很像一個內科醫生看到病人咳嗽、盜汗、下午疲倦無力，便考慮到肺結核的可能，從而醫治有據。

比如，假如病人愛道歉認錯，對醫生欣然佩服，在與人的交際中處處自我抹殺，治療師便可以看到「親近他人」這一特定表現。他可以調查這是否為患者的主要心態表現。如果他找到了進一步證據，他就可以從每一種可能的角度來著手解決這個問題。同樣，如果一個病人老是談那些使自己感到屈辱的經驗，並表明他也怕醫生對他有類似的行為，那醫生就知道自己必須解決病人對屈辱的恐懼，並針對當下最可見的恐懼根源進行解釋。

比如，他可以把這種畏懼與病人想對自我理想化意象進行肯定的需求連繫起來。當然，這得在病人已部分意識到了他的理想化意象時才可以進行。又比如病人在接受分析時顯出遲

鈍怠惰、十足的悲觀，心理醫生就要在那時盡可能消除他的這種無望感。如果這發生在分析的初期，醫生也許只能向病人指出，病人已自暴自棄。然後，醫生可以使病人明白，他的無望感並不是真正來自於事實上的無望狀態，而是一個應該理解和最終加以解決的心理問題。如果無望感出現在治療的後期，心理醫生則可以更具體地將它與患者的這一種絕望連繫起來：他是因爲找不到跳出衝突的辦法，或達不到理想的標準而喪失了希望。

以上所建議的措施，給心理醫生留了充分餘地去發揮他的直覺和敏感，以發現病人的內心狀況。這些是分析者應盡量施展的寶貴甚至是不可或缺的工具。但是，儘管醫生可以運用直覺，這並不代表整個分析過程只是一門「藝術」或只運用常識就足夠了。對精神官能症性質結構的了解，使我們在此基礎上所做的推斷能具有嚴格的科學性，讓心理醫生能以精確、負責的方式進行分析治療。

然而，由於不同患者的精神官能症性質結構有巨大的差異，治療師有時只得小心嘗試，但仍免不了會犯錯。我這裡說的錯，不是指某些大的差錯，比如把病人沒有的動機強加在病人身上，或根本沒有抓住他的基本傾向。我這裡指的是那些常見的差錯，即做一些病人還無法接受的解釋。大差錯是可以避免的，而這種過旱進行解釋的小錯誤則總是在所難免。不過，

如果我們能足夠敏銳地留意病人是如何對我們的解釋做出反應，我們就能很快察覺這類錯誤，從而立即修正我們的方案。我覺得人們似乎過多強調了病人的「抗拒」，過多注意了他是接受還是拒絕醫生的解釋，卻很少注意他的反應到底表明了什麼。這是很不幸的，因為正是弄清了他的反應如何，醫生才知道應該先處理什麼，以便使病人能自己去處理醫生向他指出的問題。

以下舉例說明。一個病人意識到，在與人相處時，只要對方對他有所要求，他便惱怒不堪。甚至最合理的請求對他而言也是強迫，最正確的批評也是侮辱。與此同時，他又完全自認有權要別人為他犧牲，有權公然指責別人。換言之，他覺察到他讓自己獨占各種特權，而剝奪了對方的一切權益。他清楚地意識到，他的這種態度必定會傷害——如果不是毀掉——他的友誼關係和他的婚姻。到此為止，他在醫生的治療中一直顯得主動積極。但在他意識到自己這種態度會造成什麼後果後，他變得沉默被動了。他感到了憂鬱和焦慮。他的人際交往也出現了強烈的內向與孤癖，而這與他先前熱切希望與一個女性建立關係恰好形成了鮮明對比。這種退縮的傾向正代表他無法忍受與人平等相處的想法。他在理論上是接受了這種平等關係的，但拒絕付諸實踐。他這種憂鬱正是發現了自己處於難解的困境後而表現出的反應；而向後退縮的傾向則意味著他在探索

解決辦法。當他發現退縮無用，而且又看不到改變自己態度的任何出路時，他才開始奇怪為什麼自己是如此的無法接受相互平等性。在這他後來與人的交往顯示出，在感情上他只看到了非此即彼的選擇，要麼占有一切權力，要麼一點權力也沒有。他說，他擔心的是，如果他出讓權力給別人，他就不能為所欲為，只能屈從於他人的意願。而這反過來又誘發了他的整個屈從與自我抹殺傾向；雖然醫生已對這種傾向有所注意，但並沒有看到它的強烈程度與意義。患者由於一系列的原因已形成強烈的順從與依賴的傾向，所以他才不得不將一切權力奪為己有，來人為地建立起一種防禦工事。要他在順從仍是內心的強烈需求時放棄這種防衛手段，無異於把他整個人格淹沒掉。醫生必須先處理他的順從傾向，才能幫助他考慮改變自己的武斷態度。

　　本書所說的每一點都清楚表明，用單一種方法是永遠不可能窮盡對一個問題的研討，我們必須從各個不同的角度反覆討論那個問題。這是因為病人的任何一種態度或表現，都有多種根源，而且隨著精神官能症的發展，起著不同的作用。比如，息事寧人、忍氣吞聲的最初階段就是對溫情的病態渴求，所以在分析這種渴求時必須解決那種屈從態度。而當我們著手檢查患者的理想化意象時又必須再次研究那種態度。經過這樣的步驟，我們就可以看清息事寧人的忍讓態度是病人自以為是聖人

的一種表現。而在我們討論他的疏離傾向時，又能理解為什麼這種態度還有避免摩擦的成分。再者，當我們看到了病人克制對他人的畏懼和抑制自己的虐待衝動時，他的這種忍讓態度的強迫性質便更明顯了。在其他例子中，病人對強迫的敏感最初可能是源於疏離需求的一種防禦性態度，然後，經過研討，則可知是他自己權力慾望的投射。最後，我們也許會發現那是一種外化表現，是內心的壓迫或別的傾向的結果。

任何在分析過程中具體化的精神疾病態度或衝突，必須放在整個人格中來進行理解，這就是我們稱之為深入研討的方法。此方法包括如下步驟：使患者意識到他特定傾向或衝突的所有公開或隱藏的表現；幫助他認識那種強迫的性質，使他能了解那種傾向或衝突的主觀價值和有害後果。

當病人發現一種精神病態特異表現時，常常不是去檢查它，而只是提出這一疑問：「它是怎麼產生的？」無論他能否意識到自己在幹什麼，他都希望追根溯源一番就能解決問題。心理醫生必須把他拉回來，不讓他遁逃到過去之中，而要他熟悉那種特異表現本身。病人應該知道這種表現的具體方式、他掩蓋它時所用的辦法，以及他自己對它的態度。比如，若病人對屈從的畏懼已明朗化，他必須看清在何種程度上他對自己的自我抹殺感到惱怒、害怕和蔑視。他必須覺察到，他已對自己實行了無意識的壓制，目的是從自己的生活中清除一切可能的屈

從性以及與之有關的一切傾向。然後他會明白：他的那些表面各不相同的態度表現都效力於這同一個目的；他已把自己對他人的敏感弄麻木了，再也意識不到他人的感情、慾望和反應；他因此而變得對他人毫不關心；他已窒息了自己對他人的好感，也窒息了想得到他人對自己好感的慾望；他蔑視他人的柔情與善意；他情不自禁地拒絕他人的請求；在私人關係上他自認為有權表現反覆無常、處處苛刻，但又剝奪他人得到這些權力的可能性。或者，如果我們注意到的是病人的萬能感，那麼，僅僅使病人意識到自己有這種感覺還遠遠不夠。他必須看到，他從早到晚都在為自己制定不可能完成的偉大任務。比如，他認為他有能力飛速寫出一篇複雜的論文；他希望自己儘管疲憊不堪，也能思路敏捷、才氣橫溢；他覺得在治療過程中只要他一瞥見問題，便以為自己可以解決它。

其次，病人必須意識到，他是身不由己被驅迫行動著，受制於特定的傾向，儘管他本人的意願或利益不需要他那樣做，甚至需要他的剛好是相反。他必須意識到，這種強迫性是嚴重到不分場合、時宜都存在著。例如，他應該看到，他對朋友和對敵人都同樣吹毛求疵，他無視對方的各種行為而一味責怪：如果別人態度和藹，他就懷疑別人是犯有過失才這樣；如果對方態度武斷，他就覺得對方一定想凌駕於人之上；如果對方讓步，那說明對方是懦弱者；如果對方喜歡與他作伴，那表示對

方太輕浮隨便；如果對方對人對事一概拒絕，他便認為對方是
吝嗇小氣，等等。或者，如果討論的問題是病人無法確知自己
是否被人接受或歡迎，那麼他就必須意識到，儘管有與他懷疑
相反的證據，他還是無法消除自己的懷疑態度。理解一種傾向
的強迫性，也包括認識該傾向受挫時患者的反應。比如，若出
現的傾向關涉到病人對溫情的需求，那麼，病人應該看到，在
出現任何受拒或友誼變淡的跡象時，他便驚恐地感到完了，即
使那種跡象極輕微，即使那位友人本來就對他無足輕重。

　　以上第一個步驟就是讓病人看到他問題的嚴重程度，第二
個步驟就是使他感到問題背後的因素所具有的強度。這兩個步
驟都激起他進一步檢查自己的興趣。

　　當我們著手考察某種傾向的主觀價值時，病人往往主動提
供情況。他可能指出，他反抗、藐視權威或任何類似壓迫的東
西，是迫不得已，是生死攸關的，否則他嚴厲的父母可能早把
他制服了。他會說，高人一等的想法在過去和現在都幫助他克
服了缺乏自尊的毛病，他的孤獨離群或他的「無所謂」態度保護
了他不受傷害。誠然，患者的這種與他人的關係出自於自衛的
思想，但也說明許多問題。它告訴我們，為什麼某種態度占上
風，從而向我們顯示了那種態度的歷史性價值，並使我們更好
地理解病人的發展狀況。但最重要的是，它有助於我們理解該
傾向目前的功能。從治療的觀點來說，這些功能具有重大的意

義。沒有哪一種精神疾病傾向或衝突只是過去歷史的遺跡，它就像一種一旦確立便永不消失的習慣。我們可以確信，傾向或衝突是由現存性質所包含的需求來決定。意識到過去為什麼會出現某一精神病態特異表現，那只有次要的價值，因為我們要改變的是目前起作用的因素。

精神官能症患者所獲得的主觀價值，主要在於它能抵消某些其他傾向。因此，徹底領悟這些價值，就知道該怎樣著手處理某一具體病例。比如，如果我們知道，某個病人不肯放棄他的自我萬能感，因為這樣可以使他把自己潛在的可能性當成事實，把他的光輝前景當成已取得的成就，那麼，我們就知道，需要檢查他到底在何種程度上生活在想像之中。如果我們看到他這樣做是為了不致遭到失敗，我們自然會注意，究竟是哪些因素才使他有這種失敗的預感，而且使他隨時懼怕失敗的發生。

治療中最重要的一步是使病人明白，他以為有價值的東西其實具有危害性質，即他的精神疾病傾向與衝突只會使他虛弱無力。其實在先前的步驟裡，我們已經做了一部分這種啟發工作。但重要的是，病人應該看到一幅關於他病情的詳細完整的圖畫。只有在這以後，病人才真正會覺得需要改變。考慮到每一種精神官能症都強迫性地維護現狀，需要有一種能壓倒阻滯因素的、足夠強大的刺激方法，才能使病人有所改變。然而，這樣一種刺激只來自於病人對內心自由、幸福、成長的渴求；

也來自於他的這樣一個認知：每一種精神病態表現都阻礙著這種渴求的實現。因此，假如他有自我貶低和責怪，他必須看到這會扼殺了自尊，使自己喪失希望。它使他感到自己不被接受，強迫他去忍受虐待，反過來又使他變得帶有報復性；它使他的熱情和工作能力陷於癱瘓。由於他為了不陷於自我鄙棄的境地，他被迫表現出防禦態度，如自大、自我疏離、對自己抱著不切實際的看法，從而使他的精神官能症更加嚴重。

同樣，在分析過程中，當病人覺得某一種衝突已清晰可見時，醫生必須使他意識到它對他生活的影響。比如，病人的衝突是自我抹殺傾向與渴求成功之間的矛盾，醫生應該理解這是反向性虐待狂所固有的極度壓抑的結果。病人必須看到，他每次自我抹殺時都感到自己的可鄙，對他所奉承的人都感到忌恨。而另一方面，他每次戰勝了別人，便覺得自己可怕，而且擔心別人進行報復。

有時會發生這種情況：即使患者已經意識到各種危害性後果，還是對克服自己的精神疾病毫無興趣。他的問題似乎被遺忘了，不存在了。他令人難以覺察地把問題扔到一邊，自己的病情也毫無好轉。但事實上他已看到了自我施加的傷害，所以這種缺乏反應是引人注目的。不過，如果醫生無法機敏地識別出這種無興趣反應，病人的這種缺乏興趣的現象很可能被忽視。病人會說起另一個話題，心理醫生跟隨著他，最後兩者都

會再次進入一個類似的死路。很長一段時間後，治療師才猛然
意識到，自己做了那麼多工作，卻沒有看到病人有多大進展。

　　如果心理醫生知道這種反應會在病人身上偶有表現，他必
須問自己，病人有什麼原因才使他無視這一事實，即他的特殊
態度已造成了許多有害後果，必須儘快改變這種態度。通常這
是由一系列的因素造成的，醫生只能一點一點地逐步來對付。
病人可能還深陷在無望之中，認為已不可能有所改變。他想戰
勝醫生、挫敗醫生、讓醫生大出其醜的慾望，可能遠遠超過了
對自己本身的興趣。他的外化傾向也許還很強烈，所以儘管認
識了惡果也不與自己掛上鉤。他的萬能感也許還很強大，雖然
他明白了有害後果不可避免，心中還是暗暗認為，他有辦法
避開。他的理想化自我意象也許還僵硬不變，所以無法認接受
自己居然有精神病態態度或衝突。於是，他只會對自己感到惱
怒不滿，覺得自己應該有能力處理自己的問題，因為他已意識
到了問題的存在。醫生需要了解這些因素，因為有些因素窒息
了病人對改變的要求。如果那些因素被忽視，心理醫生很容易
把自己變成所謂的「心理學狂」（mania psychological），即為
心理學而心理學。醫生促使病人接受自我，那顯然是有益的。
即使衝突本身沒有變化，患者會深深鬆一口氣，開始希望擺脫
如蛛網般糾纏他的衝突。一旦形成了這種有利於分析工作的狀
態，病人的改變便指日可待了。

　　不用說，以上的討論並不打算作為論述治療技術的專著。我並不打算分析過程中使問題加劇或能產生療效的所有因素。比如，我沒有討論病人把自己的防禦性或攻擊性帶入與醫生的關係後，會產生什麼利弊，儘管這是很有意義的一個問題。我所描述的那些步驟，只是每一次在新的傾向或衝突明顯可見時我們必須經過的主要過程。實際上常常不可能依照所說的順序著手進行分析，因為即使醫生已完全注意到了病人的某個問題，病人本人可能還是一無所知。就像前面那個關於患者自以為有權力的病例裡，一個問題只會暴露出又一個問題，而後面的問題又必須先分析。只要最終每一個步驟都完成，順序倒是次要的。

　　自然，經過分析而引起症狀的具體改變，是因人、因問題而異的。當病人意識到自己的無意識憤怒及其產生原因時，他的驚惶狀況會大大減輕。當他看到自己陷入其中的困境時，便不再感到憂鬱。但每一件分析工作只要做得好，便也能在病人對己和對人的態度上造成某種整體變化，而這種變化並不取決於當時討論的具體問題。假如我們要處理的是各不相同的一些問題，比如過分強調性慾，認為自己想什麼就能做什麼，對壓制的高度敏感等，我們會發現，對它們的分析，同樣會影響整個人格。無論分析的是其中哪一種麻煩，患者通常表現出的敵意、無助、恐懼、與自我和與他人的疏離等症狀也隨之減輕。

比如，讓我們考慮，在這些病例中，對自我疏離是如何減輕的。一個對性慾過分強調的人只是在性生活與性狂熱中才會感到自己是活人，他的得失都囿於性慾領域內，他所看重的自身優點只有他的性吸引力。他只有在理解了這一狀況之後，才能開始對生活的其他方面產生興趣，從而得到改善。一個把自己的想像當作現實的人，沒有看到自己是一個普通的人，他既看不見自己的局限，也看不見自己的實際能力。透過分析，他不再把他的潛在可能當成已取得的成就，他不僅能正視，也能感覺到自己事實上怎麼樣了。一個對壓抑極度敏感的人已淡忘了自己的需求和信念，只覺得是他人在控制和支配他。在分析了這種狀況以後，他開始明白自己真正要的是什麼，由此他開始為自己的目標而奮鬥。

被壓抑的敵對情緒，無論其種類和來源如何，在分析治療中都會浮到最上面來，暫時使病人更加煩躁不安，但隨著某一種精神病態態度的消失，這種敵意便大大減弱。

敵意的緩和，主要是因為病人的無助狀態得到了改善。一個人越是強，便越不會感到受人威脅。力量的增加有許多原因。他過去把重心落在他人身上，現在放到了自己內心。他感到自己更活躍，並開始樹立自己的一套價值觀，他會逐漸發掘出更大的力量。原來用於壓抑自身的那部分能量得到了釋放，病人不再那麼處於壓抑之中，不再被恐懼、自我鄙視和無望感

弄得心身交瘁。他不再盲目地屈從、對抗或發洩虐待的衝動。他現在的讓步也是合乎情理的了，所以他變得更堅強有力。

最後，因為舊的防衛被摧毀了，他會暫時受到擾動而產生焦慮，但隨著每一步驟後的改善，這種焦慮不安會逐漸減弱。因為，患者不再像過去那樣畏懼自己和他人。

這些改變的結果是病人對人和對己的關係得到改善。他不再那樣孤立，隨著他變得更強有力和更少敵意，他人逐漸不再是他必須對抗、欺騙或迴避的威脅了。他能對他們抱有友善感了。隨著他杜絕了外化作用，消除了自我鄙夷，他與自己的關係也大大改善了。

如果我們檢查一下發生在分析過程中的這些變化，我們還看到，這種變化包括了最先造成衝突的那些狀態。精神官能症任其自行發展，則那些強迫性壓力日趨嚴重，而治療法所完成的道路則剛好與此相反。患者過去由於面臨無助、恐懼、敵意、孤立而只好採取辦法應對，從而產生了那些病態態度，現在那些態度越來越失去了意義，所以逐漸被拋棄了。的確，面對那些使自己討厭但又欺負自己的人，如果自己有能力以平等地位與人相處，為什麼要把自己抹煞或犧牲給那些討厭的人呢？如果自己感到內心是安全的，能和他人一樣生活與奮鬥，不會經常感受到怕被淹沒的恐懼，那麼，為什麼還要對權力或名氣貪得無厭呢？如果自己有能力去愛，也不怕抗爭，為什麼

還需要焦慮地迴避他人呢？

做這項工作是需要時間的。病人越是糾纏在矛盾之中，他面臨的障礙越大，那就需要越多的時間。人們渴求簡短有效的分析療法是可以理解的。我們很希望更多的人從分析得到好處，而且意識到，有一點幫助總比沒有幫助強。當然，各種精神官能症的嚴重程度很不相同，輕微的病例在較短的時期內能見效。儘管某些短期精神療法似乎很有希望，但不幸的是，很多是在一廂情願，不了解精神官能症中起作用的力量是何等頑固而強大。對嚴重的精神官能症來說，我認為，只有更加理解精神官能症結構，從而在尋找解釋時浪費更少的時間，才能縮短分析治療的進程。

幸好，分析法不是解決內心衝突的唯一方法，生活本身仍然是一個有力的治療者 —— 一個人的大量體驗足以造成人格的改變。那可能是一個真正偉大者啟迪心扉的故事；那可能是一個普通的悲劇，它使患者與他人密切接觸，從而使他脫離了自私的孤獨；那可能是與患者相互交往的人具有這樣的善良與友愛的特質，使患者感到他不需要再欺騙或迴避。另外，患者的病態行為造成如此重大的後果，或經常反覆出現，這必然給患者的心靈留下深刻印象，使他見慣不驚，不再一成不變。

然而，生活所完成的治療，不受我們的控制。為了適應某個人的特定需求，我們無法安排一場困難，也無法設計一種

友誼或宗教體驗。生活是無情的治療者，對一個患者有益的事件可能毀掉另一個患者。何況，我們已經看到，患者認識自己行為的後果並從中吸取教訓的能力，是極為有限的。我們可以說，如果病人已獲得了從自己的經驗中吸取教訓的能力，即如果他能檢查在問題造成中與自己有何關係，理解自己的責任並將這一洞見運用於生活，那麼，我們就可以放心地結束分析治療工作了。

意識到衝突在精神官能症中的作用，又意識到這些衝突可以被解決，這就有必要重新界定分析療法的目標。雖然許多精神疾病性質的失調都屬於醫學的範圍，把分析療法的目標也劃入醫學領域卻不正確。由於很多身心疾病本質上都是人格衝突的最終表現，治療的目標必須在人格的範疇內進行界定。

這樣，我們就有多種治療目的。病人必須取得對自己負責的能力，即感到他自己主動活躍，在生活中有力量承擔責任，敢作敢為，也能面對自己行為的後果。同時，他對他人也必須承擔責任，欣然承認義務並相信這些義務的價值，無論這些義務關係到子女、父母、親友、同事、下屬、社區還是國家。

與此密切相關的是另一個目的：獲得內心的獨立，即不藐視他人的觀點和信念，也不盲從。這意味著，主要使病人能樹立自己的一整套價值觀並用之於他的實際生活。這包括在與他人相處時，他尊重他人的個性與權益，從而真正實現與人相互

平等。這與真正的民主精神也是並行不悖的。

　　為了界定我們追求的目標，還可以用這一術語：感情的自發性，即一種感情的覺醒與生機，無論是愛與恨，還是喜、怒、哀、樂。這包括有能力表現，又能主動控制。由於愛與友誼的能力極為重要，這裡應特別指出，愛不應是寄生般的依附，也不是虐待式的支配，而是像麥克莫瑞所說的：「一種這樣的關係，它本身就是目的。我們在這種關係中相互連繫，因為對人來說與他人分享體驗是再自然不過的；我們相互理解，在共同生活中發現快樂與滿足，向對方表現和敞開我們自己的心扉」。

　　關於治療目標最全面的界定是：爭取人格的整體性。即是說，沒有虛飾的假象，感情真誠，把自己整個心融進自己的感情、工作、信念之中。只有衝突被消除，才可能接近這一目標。

　　這些目標並不武斷。它們的實用可行，也不僅僅是因為它們符合一切時代明智之士的追求。但這種符合並非偶然，因為心理健康的基礎就是這些因素。我們提出這些目標是有理由的，因為它們是根據精神官能症中的病理因素而得出的合乎邏輯的設想。

　　我們之所以勇於提出這些很高的目標，是因為堅信人格能夠改變。不僅是兒童才有可塑性，我們所有人都有能力改變自己，甚至是根本的改變。這一信念是有生活經驗支撐的。而分

析法則是促進根本變化的一種最強有力的手段。我們越是清楚地理解精神官能症的各種作用因素，我們越是有可能促成所想要的改變。無論是心理醫生還是病人，都無法完全達到這些目標。它們是我們為之奮鬥的理想，其實用價值在於為我們的治療和生活提供了指導。如果我們不清楚這些理想的意義，我們有可能用新的理想化意象取代舊的。我們也必須意識到，心理醫生並沒有能力使患者變成一個毫無瑕疵的人。他只能幫助他變得自由，從而能自己去爭取並實現那些理想。這意味著給患者一種機會，使他能變得更成熟，能得到更大的發展。

電子書購買　　　爽讀 APP

國家圖書館出版品預行編目資料

我們內心的衝突：虐待狂傾向、人格衰竭、內
在矛盾、理想化意象，社會心理學先驅卡倫‧
荷妮的精神分析學 / [德] 卡倫‧荷妮（Karen
Horney）著，胡彧 譯 . -- 第一版 . -- 臺北市：
崧燁文化事業有限公司 , 2023.10
面；　公分
POD 版
譯自：Our inner conflicts.
ISBN 978-626-357-639-1(平裝)
1.CST: 精神分析學
175.7　　112014116

我們內心的衝突：虐待狂傾向、人格衰竭、內在矛盾、理想化意象，社會心理學先驅卡倫‧荷妮的精神分析學

臉書

作　　　者：[德] 卡倫‧荷妮（Karen Horney）
翻　　　譯：胡彧
發 行 人：黃振庭
出 版 者：崧燁文化事業有限公司
發 行 者：崧燁文化事業有限公司
E - m a i l：sonbookservice@gmail.com
粉 絲 頁：https://www.facebook.com/sonbookss/
網　　　址：https://sonbook.net/
地　　　址：台北市中正區重慶南路一段六十一號八樓 815 室
Rm. 815, 8F., No.61, Sec. 1, Chongqing S. Rd., Zhongzheng Dist., Taipei City 100,
Taiwan
電　　　話：(02)2370-3310　　　傳　　真：(02) 2388-1990
印　　　刷：京峯數位服務有限公司
律師顧問：廣華律師事務所 張珮琦律師

定　　　價：320 元
發行日期：2023 年 10 月第一版
◎本書以 POD 印製